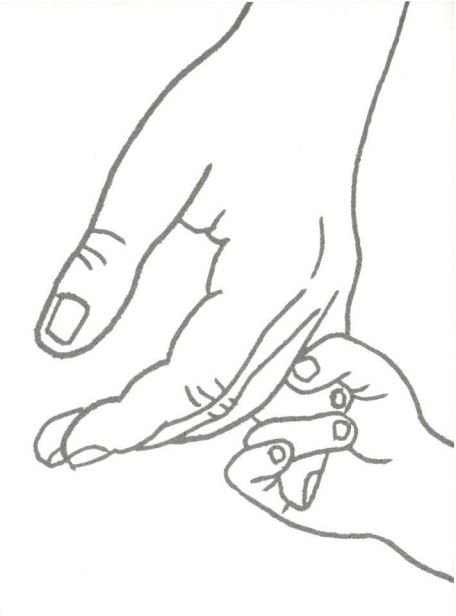

笨拙的教养

汪珺 著

you very much
ur kind help with my
writing, handwriting, math,
productor and
miss you and all
ates.
so happy to be one
ents and I wish
you soon.

新星出版社
NEW STAR PRESS

自序
Author's preface

不完美的我在鸡飞狗跳中，拉扯着孩子长大

从小到大，我都不是人们眼中真正的学霸。小时候的我调皮捣蛋，不听话，不是父母的乖孩子，也不算学校的好学生，因此在家常常挨打，在学校经常被罚，人送外号"铁臂阿童木"。一路走来，我吃了不少苦头。不过好在还算努力，从小到大上的都是好学校，学霸云集，而我也直到大学才突出重围，有点自信心。大学时代我喜欢刷考试，一路高分，翻转人生，到英国留学。毕业后留在学校语言中心任教，然后回到中国从事教学，算算也有十几年了。虽然做教育工作已经很多年，但是我从来没有教过小朋友。

时光在年复一年的忙碌中匆匆而过，步入婚姻的我也迎来了自己的孩子。记得怀孕的时候，每次去做产检，我都特别焦虑，做一次产检，就感觉好像上了一次刑场，我总担心这个孩子有问题。后来，一位医生跟我讲："你不要这么紧张，自古以来，女人生孩子

就是瓜熟蒂落。你又没什么不良嗜好，怎么会生个残疾的孩子？你天天着急什么呢？"

儿子宇宇出生了，第一次当妈妈让我手忙脚乱，我开始阅读大量的国内育儿书，看多了以后，我发现有些育儿书里的观点是互相矛盾的，真正实践的时候感到无所适从。所以，我又开始看国外原版的育儿书，一方面是保持自己的英文水准，另外一方面也是想学习国外的育儿理念。我自身的教育经历让我开始认真地思考孩子的教育问题，研究如何融合中西方的教育理念，从小给孩子讲故事，读绘本，致力于陪伴儿子健康成长。儿子在国内和国外两边上学的经历，也让我近距离地观察中西方教育的差异。我把自己教学的经验在儿子身上验证的时候，其实是我不断反思、复盘的过程。

我不否认，面对自己的孩子时，再多的理论知识和教学经验，似乎都显得那么苍白无力，我深深地明白了知行合一是多么的难。我干教育已经十几年了，也算是专业人士，但是在儿子还小的时候，我还是反反复复地在考虑他几岁之前应该学会什么，到什么年龄就该去上兴趣班了……我相信每一个妈妈，在面对孩子的未来时，都是一样的忐忑，生怕孩子落后在起跑线上，生怕他一开始就已经输了。于是，我们把目光投向了那些数不清的课外班。多少稚嫩的孩子疲惫地在太多的课外班间辗转，拼命地去学习在我们看来他们应该掌握的那些技能。

国内的工作节奏非常快，每个人都被生活裹挟着努力往前奔。我们不敢停下自己的脚步，生怕自己被时代抛弃。在养育孩子的问题上，我们也是急于能立刻看到成果，这种迫切的心情往往会让我们失去对于时下真实情况的正确判断和淡定前行的从容。时光荏茆,日子再匆忙,也得一天天过,孩子也在一天天中逐渐长大。

几年前的北京,雾霾锁城。为了让孩子能有个自由呼吸的环境,我们来到了一个之前从没去过的南半球国家——新西兰生活。当然,雾霾的问题已经引起了人们的重视,现在得到了很大改善。但是,去新西兰的这一段经历却给我带来了深刻的改变。

新西兰是一个很小的国家,英文国家名是 New Zealand,感觉就是一个大农村,所以,我们经常用"纽村"来称呼新西兰。宇宇在北京时,每天忙着学习,而到了纽村,每天无忧无虑地自由玩耍。比如在任何一个餐厅里,他都可以拿着蜡笔在那儿画画。我们经常说纽村是孩子的天堂,孩子可以在酒庄里奔跑,在博物馆里探索历史,在海滩上喂海鸟、拾贝壳,在路上可以看到奶牛。我们带着孩子去喝咖啡,他在绿地上肆意地奔跑,我们带着他出海看鲸鱼、海豚,孩子没有任何压力,过得十分开心、惬意。我完全没想到,这段生活成了我整个教育理念改变的转折点。

选择让孩子接受新西兰的教育,是一件无心插柳的事情,也是选择了优质教育背后的一种生活状态,这种状态就是慢慢来。新西兰的教育让我觉得最可贵的两点:一是让孩子拥有了生存所必需的知识和技能,二是让孩子体会到了生活和生命的智慧。

中国人鲤鱼跳龙门的思想对我也有特别深远的影响,儿子刚出生时,我就希望孩子将来能上名校。因为工作的缘故,我经常会去世界各地的名校出差,走访过剑桥大学、哈佛大学、斯坦福大学、普林斯顿大学等,每次回来总是带点学校的纪念品。不能免俗的是,和大多数中国父母一样,我们会给孩子各种暗示,希望孩子将来上名校。

后来到了纽村，我的心态慢慢发生了变化：如果孩子有上名校的能力，我一定倾其所有去支持他；但如果他没有这个能力，没有上名校的意愿，我也可以接受，只要他平安健康地茁壮成长，找到属于自己的人生，这样也很好。

我大学时代的闺蜜，上学时是典型的特别看中成绩的中国式学霸。我们一同在英国留学。毕业后她留在英国生活至今，她先生是英国人。她在世界顶尖的公司工作，节奏特别快，也特别努力，一直目标明确，积极进取，从来不会为任何人或事停下自己的脚步。

之后，等我去英国和她再次见面的时候，才发现她和以前已经完全不一样，整个人的状态都变得平和了很多。英国人很喜欢园艺，她和先生在家里也种了些花花草草，两个人还经常探讨谁家门口的花更好看，修剪得更漂亮。两三个月后，花园的花开了，她先生就会特别高兴。她一开始不理解，花开了有什么好高兴的呢？后来她也体会到，等待一颗种子发芽，长出叶子，结出花骨朵，每天看着这朵花一点点长大，直至完全绽放，自然而然就能收获到一种喜悦。

我们都会有这样的生活经验，超市里的菜看起来特别新鲜，从农场或者农村父母带来的从地里摘的菜，看起来就没有那么漂亮，甚至还长得有些不周正。但是，再过两天，超市里看起来很新鲜的菜就会蔫了，而从地里摘来的菜还没有太大的变化。把这些菜炒着吃的时候，我们也会发现从地里摘来的菜会更加可口一些，更有菜本身的味道，而从超市里买的菜却没有这种自然的味道。

在大自然里生长的菜，没有添加过肥料，它可能长得比较慢，没有那么美，但是，它保存的时间会比较长，它的味道会更加鲜美。其实养孩子也是一样的道理。孩子的成长都有一个过程，如果我们急于揠苗助长，给他太多不属于他这个年龄应该承受的负担，表面上看起来这个孩子好像更聪明，成长得更快。但实际上，这种超前教育所带来的后果也会慢慢显现出来，孩子承受了生命中不可承受之重。

第一次当妈妈，在养育孩子的过程中，我手忙脚乱、诚惶诚恐。不知不觉中，孩子长大了。在这个过程中，我肯定有很多地方做得不对，一路磕磕碰碰到今天。但我觉得，成长本就该是这样，哪一个孩子从小到大，每一件事情都能做得无比正确呢？这不符合自然规律。

卢梭在《爱弥儿》中说，在孩子长大成人之前，大自然希望孩子就是孩子。如果我们试图打乱这个次序，我们就会生产出早熟的果实，它们既不会成熟得很好，也不会有香甜的风味，而且很快就会变质腐坏。我们将造就一些年纪轻轻的博士和老练成熟的儿童。

作为父母，我们在养育孩子的过程中会犯错。孩子也不是流水线上的标准产品，在成长的过程中，孩子也会犯错。犯错不要紧，重要的是，我们都有爱护彼此的心，我们都在为成为更好的自己而努力。

作为一个职场妈妈，我的工作特别忙，每天几乎工作十几个小时，所以我常常感叹每天的生活都是一地鸡毛。我经常会羡慕周围的同事和闺蜜们，觉得他们把生活过得很从容。

我们以为别人都是岁月静好，但实际上，每个人都有自己的心事。焦虑也好，纠结也罢，这是每一个妈妈成长蜕变的过程。我们要学会跟焦虑共处，因为这就是我们的生活，焦虑就是我们的常态。只有跟焦虑共处，跟自己和解，我们才不会因为焦虑而天天郁郁寡欢。

一个好朋友跟我说，如果我们每天的生活都是井井有条的，那也不一定比现在的生机勃勃更好，因为 too good to be true，太好了，这种好就可能没那么真实。从某种意义上来讲，或许这也是生命的一种乏味，会让生命少了一些精彩。

每一个人都会遇到困惑，我只是把我生活中的一些故事讲出来，跟所有的父母分享。我也希望这本书能给大家带来一点思考，让我们一起成长、一起共勉。

目录 Contents

慢慢成长

自 序

i / 不完美的我在鸡飞狗跳中，拉扯着孩子长大

第一章 幸福的能力

我们需要的是安全感，它是根源于内心的一种力量，让我们更加淡定和从容。安全感从哪里来，是从母亲这里来。简而言之，是来自母亲的养育方式。

003 / 和孩子一起彼此成就
007 / 陪伴是最强大的力量
011 / 与孩子聊天是一门技术活
014 / 让孩子去尝试，触发兴趣点

第二章 父母和孩子并肩成长

人生很长，在这段共同的旅程中，但愿我们可以看见孩子，孩子也可以看见我们。如果父母是这段旅程的光源，让我们发出光，既照亮孩子，也照见自己。

021 / 隔代教育的冲突在所难免
025 / 父母不缺席，老人才能不越位
029 / 焦虑是养娃的常态
034 / 孩子才是主导
039 / 剑桥大学科学家，四娃妈

目录 Contents

体验生命

第三章 带着孩子看世界

在路上遇到的美好，在路上碰到的挫折，和父母一起共度的快乐时光，和陌生人相遇时的微笑，都会成为孩子记忆中最美的风景，他们的心胸也会变得更加宽广。

049 / 走走停停看风景
059 / 5 岁，体验英国夏校
063 / 纽村是孩子的天堂

第四章 孩子是自己生命的主角

每个孩子都有自己的想法，我们的梦想不一定是孩子的梦想，我们的愿望也不一定是孩子的愿望。每个人都是独一无二的个体，适合别人的，不一定就适合自己。每个人的人生经历都只有一次，让孩子做自己生命的主角吧。

073 / 积累小成就，增强自信心
077 / 可怕的两岁
081 / 放手，接纳孩子的选择
085 / 看见孩子的愿望
090 / 让孩子自己做主

第五章 孩子的路让他自己走

放手让孩子去选择自己要走的路,即使他可能不是事事都如我们所愿,即使他会在生活中碰得头破血流,我们也要相信,这是他的选择,他会成长,有我们的爱做后盾,他会撑起自己的一片天。

095 / 每个孩子有自己的生长周期
099 / 少点让孩子窒息的"爱"
104 / 孩子远比我们想的要成熟

第六章 思辨是奢侈品

不要忙着让孩子只关注现成问题的标准答案,他们应该有独立之精神、自由之思想,既有判断和选择的能力,也有创造和建设的欲望,用积极的态度和思辨能力,创造更加美好的未来。

115 / 在纽村上学的跳脱时光
121 / 探索问题的契机
125 / "阿尔法一代"勇于辨真假
130 / 学会质疑与求真

目录 Contents

第七章 品格的力量

我们在培养孩子的时候，别光盯着短期有用的那些指标，更能让孩子终身受益的往往是那些无用的、看不见的品格。它们会在未来持续滋养孩子的灵魂，让他们真正幸福地成长。

139 / 从小培养坚毅的品格
144 / 让孩子自己来
148 / 那些稀奇古怪的问题

第八章 留白天地宽

实际生活中，很多问题是没有标准答案的。思考问题的角度不同，就会得到不同的答案。如果我们不懂得换位思考，只是站在自己的角度去思考问题，总是给孩子提供自以为是的标准答案，那就等于关上了孩子观察世界的一扇窗。

155 / 批评与鼓励的正确打开方式
159 / 有时无须标准答案
162 / 会犯错的，才是孩子
166 / 好奇心引领学习力

第九章 看不见的竞争力

孩子要有终身成长的能力。我们要学会适当地放下,除了可衡量的外在标准,也要关心不可衡量的内在成长。成功的定义一直在变化,大多数人既不想输了现在,也不想输了未来。但是,无论时代怎样变化,一个人格独立、内心强大、终身保持好奇心和学习能力的人肯定不会是永远的失败者。

173 / 两月龄,开始"读书"
177 / 读书,和娃一辈子要坚持的事
181 / 在伦敦散养的中国娃

第十章 沟通的问题

孩子的问题根本上还是父母的问题。我们总说孩子是复印件,父母是原件。如果希望提高孩子的沟通能力,我们自己就要先学会和孩子好好沟通。培养孩子强大的内心,教会孩子适应不同的环境和增强对新事物的判断力,是帮助孩子打下良好沟通力的基础。

193 / 听娃说话,要懂他
196 / 教孩子好好说话
200 / 与孩子互相理解
204 / 家长要放下执念

管与不管

目录 Contents

第十一章 必修的功课

让孩子学会谦卑，对规则有敬畏心，培养孩子的责任感和同理心，以及与人合作、交往的能力，是我们作为父母非常重要的工作。这也是教会他们获得幸福的能力。

209 / 发自内心的赞赏
215 / 从小学会交朋友
219 / 让孩子敬畏规则

第十二章 给孩子未来可持续的能量

我们生活在现实社会中，不可能靠单打独斗生存下去，更不可能凭个人英雄主义取得成功。能够与人有艺术地沟通、协作，能够快速适应不同的文化、不同背景的环境，已经成为一个人很重要的软实力。

225 / 有边界，会分享
229 / 善合作，更快乐
233 / 团队精神，小处着手并不难

第十三章 小大人的领导力

领导力不是一种权力,而是让自己和世界变得更好的影响力。对于孩子来说,领导力最重要的意义是首先形成内在的领导意识,只有当孩子对自己的能力有信心,并且能够对自己的行为负责时,他才有可能成为受人喜欢、有影响力的人。

239 / 受欢迎的秘密
242 / 自由是自律的温床
246 / 自律的培养不在朝夕
249 / 妈妈,更是榜样

结 语

255 / 培养未来的世界公民

后 记

265 / 笨拙的教养,坚实的成长

PART 1
慢慢成长

第一章
Chapter 1

幸福的能力

我们需要的是安全感,它是根源于内心的一种力量,让我们更加淡定和从容。安全感从哪里来,是从母亲这里来。简而言之,是来自母亲的养育方式。

和孩子一起彼此成就

从孩子呱呱坠地那一刻起,我们就成了父母。在这之前,我们从没有学习过要如何去做合格的父母。面对一个全新的生命,我们不自觉地对孩子投入了全身心的爱。这种爱不容置疑,它是孩子成长的基石。但是,随着孩子逐渐长大,我们可能都忘了自己的初心,对孩子的期望越来越多,对孩子的要求也越来越苛刻。我们总是希望自己能得到一个完美的孩子。可是,我们忘了问问自己:"我们就是完美的父母吗?"如果我们希望孩子成长为什么样的人,首先自己就要成为那样的人。有时候,我很想和儿子说声"谢谢",正因为有了他,才让我变成了更好的自己。

坦率地说,我一直是一个害怕成长的人,害怕自己长大,害怕孩子长大。职场上,经常有人用"女神"或"女王"来形容我,虽然我知道是好意，但我内心不太接受，可能是感觉心里一直住着个"小公举"。回首过去，我一直有点逃避心态，该结婚的时候，我害怕结婚；该生娃的时候，我害怕生娃。有了孩子，升级为人母，我第一次感觉自己有了真正意义上的成长了。

从小到大，我似乎是典型的温室里长大的花朵，只用负责好好学习，其他都有家人代劳。工作后，我干得十分出色，家人更是为我分担了生活中的各种琐事。家里的水电煤气费，我没去银行交过；我上下班，有家人轮流接送；我从不担心任何柴米油盐的问题，甚至开车出了小事故，家人也会第一时间来帮我处理。所以我最喜欢别人用"女生"这个词来叫我，有人说一个女生如果比较任性，可能是生命中爱她的人比较多吧。像我这样长起来的女生不少，说白了就是独立性差，总是依赖他人。后来我当了妈妈，才慢慢发现自己要坚强、独立，儿子才有可能长成参天大树啊！但当妈妈之前，我就是那样的状态。

孩子的成长实在是太快了。从那么那么小，长到现在这么这么高，还可以和我们进行自由交流。很多事情别以为孩子不懂，他们其实有自己的想法，他们都懂，所以我们要一起成长。

记得马尔克斯在《霍乱时期的爱情》里写道："任何年龄段的女人都有她在那个年龄阶段所呈现出来的无法复刻的美。她因年龄而减损的，又因性格而弥补回来，更因勤劳赢得了更多。"

我一直坚信，无论任何时候，女人的美丽都需要内外兼修，所以我一直坚持读书和运动。但这个坚持谈何容易，而儿子的成长是我自己成长最大的原动力。我对孩子的要求很严格，甚至有点严苛，那我自己首先要是榜样啊！我一直觉得自己有国际化的视野，但有时候仍然会越界，按照自己的意志来培养孩子，替他做选择，其中有多少两难，妈妈们都懂得。

我在圈中也算是虎妈吧。一个家庭教育的节目曾邀请我，要采访我和儿子。我自信满满地接受采访，分享育儿心得，没想到单独采访儿子时，他居然给我打了零分。回家后，我和儿子认真地聊了一次，我也在反思很多时候我对孩子简单粗暴的态度和不容置疑的权威。的确，我的孩子比别的孩子读书更多，认字更多，表达更好，英文更棒，但是，宇宇是不是发自内心的快乐和幸福？我反复问儿子，也问自己。

宇宇从小就想要去哈佛大学读书，那是他幼儿时代宏大的人生目标。其实，他只是听大人们说在哈佛上学的都是"牛娃"，那时候他都没有去过美国呢。可见父母和家庭对于孩子的影响力是巨大的。

5岁那年，宇宇第一次去了剑桥大学和牛津大学。在牛津大学的博物馆里，有位老教授问他："长大以后你想不想来这里上学？"宇宇不假思索地回答："我不来，我要去美国，我要去哈佛。"后来，宇宇在聊天中突然表现出对英国大学，尤其是对牛津大学的向往。他试探地问我："妈妈，我以后到牛津上本科吧，美国等我读研究生时再去吧。"这样的试探，突然让我非常自责，也开始自我反思。我把自己的名校梦想强加到了孩子的身上，给孩子无形中造成了压力。

从想去哈佛大学读书到想去牛津大学读书，孩子的想法总在变化。作为父母，我们不要用自己的选择去桎梏孩子的未来，而是要和孩子不断地讨论未来的各种可能性，带孩子去看看梦想中的学校，陪他慢慢了解，不急着做决定，直到找到他认为最适合自己的路。

如今，我会和孩子一起参加各个学校的开放日，读不同学校的介绍，了解著名校友的故事，上学校的网站浏览、咨询，然后坐下来一起讨论，这本身就是带着孩子探索、学习的过程。现在的宇宇，对于以后去哪里读书抱持着比较开放的态度，希望一路走一路选，他的变化其实也是我的变化。这一路，我陪着他慢慢长大。

陪伴是最强大的力量

帝都的秋来得早,风已经开始彻骨。秋日的午后和许久不见的闺蜜一起聊聊天,才发现生娃这几年,工作忙碌辛苦是常态,在帝都这样的大城市生活就更是每天疲于奔命。有多少时间能静下来读自己想读的书?有多少时间能和人生中重要的人聊天?有多少时间能默默地陪伴孩子和家人?想想都是奢侈的,大多数的时间都在做着"有用"的事情。这几年花了很多的时间看"有用"的书,和"有用"的人士社交,陪伴孩子时也喜欢量化,讲了多少故事,弹琴弹了几个钟头……窗外的春华秋实,我都不曾有心情去亲近。

大家有没有发现,曾几何时我们有了一种非常急功近利的心态。曾经一度,公司的同事纷纷离职。瞬间所有人都创业了,所有人都去投资了,大家都在谈论着上亿的生意,谈论着融资融到第几轮了,做着上市的梦。我们生活和工作的方方面面都体现出这样的焦急心态。我们是不是还要心怀梦想,为了这个梦想脚踏实地去奋斗呢?

社会上有一种新的形态、新的职业姿态、新的风潮。这样的风潮每过一两年都会有一次,风潮之后,大多数人都会被拍在沙滩上。我想在成长的路上,我们要不断地摸索,才能找到自己的定位。无论世界怎么变化,稳步向前,我们总会在安全岛上。我们需要的是安全感,它是根源于内心的一种力量,让我们更加淡定和从容。安全感从哪里来,是从母亲这里来。简而言之,是来自母亲的养育方式。

记得曾经和另外一个职场妈妈讨论过这个问题,如果每天陪孩子的时间非常有限该怎么办?我们共同的结论就是每天一定要拥抱孩子,深深地拥抱。"体贴"一词,顾名思义就是用身体贴着。从小的体贴才能让孩子拥有安全感和获取幸福的能力。这样想想,为什么有的妈妈是高知,教育出来的孩子却完全没有出息,而有的妈妈目不识丁,却教育出伟大的孩子?因为孩子更需要的是妈妈很多很多无条件的爱。我回想自己的育儿历程,有没有告诉孩子:"你要好好弹琴,妈妈才爱你;你要是不听话,妈妈就不爱你了。"我似乎说过类似的话,我也是那个职场上焦虑的妈妈,然后把焦虑带回了家吗?

我回家问宇宇:

"你觉得任何时候妈妈都爱你吗?

"如果你不乖,不好好弹琴,你觉得妈妈还会爱你吗?

"你有没有想要妈妈抱的时候,妈妈没有抱你?"

宇宇肯定地告诉我:"妈妈任何时候都爱我,我也任何时候都爱妈妈。"我舒了一口气,让我们好好地爱我们的孩子,无条件地爱他们。在孩子成长的道路上,我们能做的其实很少,唯有一样,是孩子最需要的东西,那就是陪伴。对于孩子来说,高质量的陪伴给予他的就是最深的爱。

日本著名的小提琴家、教育家铃木镇一创造了铃木教学法,这种方法提倡的就是父母的陪伴、引导和帮助。铃木认为才能是人们通过教育环境所刺激,在后天培养形成的,不是与生俱来的。"每个人出生时都像一张白纸。要使孩子形成好的习惯,只有靠最接近他们,并在一起时间最长的母亲去教育,而别无他人。母亲的言传身教不容忽视。"

宇宇弹钢琴,也拉大提琴,所以我身边不乏这样的妈妈。我记得有一位琴童妈妈告诉我:"从孩子学琴开始,我每天早上6点起床,去学校陪孩子练琴,坚持了大概5年的时间,风雨无阻。有一年冬天的早晨,下着大雨,我下桥的时候撞到了栏杆上,差点把胸肋骨撞断。孩子知道后非常感动,练琴也更加努力。"

在音乐的学习上,这位琴童妈妈告诉我,她认为妈妈的陪伴确实对孩子起到了一个非常重要的作用。她说:"我并不一定要督促他练习,而是给他一种支持,他觉得妈妈在后面支持的话,他内心里就有一种动力。"

无论孩子将来选择了什么,作为父母,我们能够做的就是在背后支持他,陪伴他走过人生中的艰难与欣喜时刻。这种陪伴,给予孩子的就是最强大的力量。"陪伴也是一种力量,在这个世界上,没有一个人是孤岛,失去了陪伴,也失去了生存的意义。"孩子对于父母陪伴的渴望,可能是这个世界上最需要被满足和被温柔对待的一种。

与孩子聊天是一门技术活

好朋友 Maggie 是新加坡一所国际学校的创始人,她既是优雅的"白骨精",也是两个孩子的妈妈。每次和她见面,总是很开心,她不仅知道最好的美食在哪里,也知道当下最新的潮流。不论是在新加坡还是在北京,我们每次见面,Maggie 都让我觉得如沐春风、无比温暖。虽然她有着精彩的人生和绚丽的履历,但是却总是非常低调。不论是在米其林餐厅吃饭,还是在酒店的行政酒廊喝咖啡,她永远给人留下精致的印象。工作的时候气场逼人,但是举手投足间处处优雅。这么多年来,和她更多的接触是在工作层面,如果不看朋友圈,我还真的不知道她雷厉风行的外表下,是一个内心如此柔软的妈妈。

孩子的学习让很多妈妈操碎了心,Maggie 曾经也不例外。有时无论你怎么跟孩子讲，他就是心不在焉。这个时候，有的妈妈气急败坏，那真是恨铁不成钢的感觉。Maggie 既不打骂，更不唠叨。她采取的方法简直值得所有妈妈学习。她说："我们两个人每个星期都会有一次单独的约会，我对他说，在家里，你觉得有爸爸在不方便，或者觉得妈妈好像在说教一样。这样，我们出去吃饭，我们散步。餐厅由你来选，我们两个人就是聊天，好不好？这样的约会让他特别高兴，因为每次他都能吃到他最喜欢的食物。吃饱了以后，就是各种聊，慢慢打开他的心扉。"

跟孩子聊天是一门技术活。你一定要先跟他聊他感兴趣的东西，然后在不经意间把自己想说的话放进去。聊天前，要自己先打好草稿，想跟他表达什么、引导他什么，自己心里要有一个清晰的主轴。然后在跟他聊天的时候，不断地引导他，把自己的想法说出来。先把孩子夸一番，然后再轻轻地说："妈妈觉得是不是可以换一种方式去做更好？你觉得呢？你觉得应该怎么样改善会更好？"

顺着孩子感兴趣的话题去聊，他才会打开自己的心扉，而我们才会走进他的心里。绝对不要说你怎么出错了？你怎么这样跟我讲？别看孩子人小，他心里也会有自己的心思，凭什么大人说的就一定是对的呢？孩子能对父母提出反对意见，这并不是坏事，说明他有了独立思考的能力。有了自己坚定的想法，他就绝对不会成长为一个"妈宝男"。

对于孩子而言，如果他没有从心里服你，即使你打骂，对他的教育效果也会很差。他根本不在意，不会放心上，可能嘴上说"Yes，Yes，Mum"，但是他不去做。

Maggie 和老大之间的互动也很有意思，她会跟儿子撒娇："妈妈今天觉得这方面的问题，好像我们那个年代还真是没有经历过，宝宝你是怎么想的？你能跟妈妈分享一下，或者给妈妈提供更好的意见吗？虽然妈妈是教育工作者，但可能你们新一代人的想法能给妈妈一些火花。"跟孩子示弱，孩子就会说出自己的想法，虽然他并不一定说的都是对的，但是，至少他愿意敞开心扉。

如果孩子对你关上他的心门，不愿意跟你倾诉，不愿意跟你沟通的时候，无论你说什么，对他都没有作用。所以，妈妈一定要很柔和，一个成功的妈妈并不一定是你每天给他做多少顿饭，要把他打扮得多么帅。很多妈妈把一日三餐看得比天还大，现在的孩子缺营养吗？不可能缺。这并不是说不要在乎他的营养，而是不要把这个放在首要位置，孩子和妈妈之间的沟通更重要。

Maggie和老大的关系就一直特别亲近，孩子有一点点事情，就会迫不及待要跟Maggie分享，这就是潜移默化的影响。每天的陪伴，点滴的引导，就能换来孩子的亲近。人的精力是有限的，职场妈妈既需要干好自己的事业，同时，也想更多地去陪伴孩子。可没有那么多时间怎么办？答案就是给孩子高质量的陪伴，更多的是与他进行思想上的碰撞、灵魂上的沟通。

大人总会说"理解万岁"，其实，孩子也特别希望能够得到大人的理解。理解孩子，并真正站在孩子的角度去思考问题，和孩子站在一条战线上，有了这样的基础，亲子沟通才会收获效果。

让孩子去尝试，触发兴趣点

我和Jack认识差不多有二十年了。我考雅思时，他教雅思听力，讲课特别棒，那年我听力考了满分。我对他的印象是他是北大毕业的，是当年的高考状元。他和太太两个人都很喜欢音乐，老是去听音乐会。哪知道，后来我和Jack竟成了同事，他每天都要陪女儿练琴。他对孩子的教育有一套自己的理论，每次听他讲，我都特别认同，后来我当妈妈以后，就老是向他请教。的确，他女儿Jessica是个特别优秀的小姑娘，从小就是宇宇的榜样，不但会弹琴，画画也特别棒。

说起来，宇宇还算是Jessica的同门师弟。宇宇弹琴几乎就是沿着Jessica走过的路一步步前进。不同的是，我完全不像Jack对孩子弹琴那样上心，我没有办法陪孩子练，因为我自己就不太懂，全靠宇宇自己。

和 Jack 聊天，每次都特有收获。Jessica 学琴学了很多年，在弹琴这件事上，她付出了很多汗水。但是，她没有坚持下去，Jack 觉得有些遗憾。他坦言，当初让 Jessica 去学琴，其实他也犯了很多中国父母犯的一个共同错误。"因为我个人挺喜欢音乐，然而小时候没有受过这方面的良好训练，所以，我觉得我女儿可以在这方面受到一点训练，以后能够学有所长。这就是典型的父母上不了北大，一定要让孩子上北大。"Jack 的想法其实也代表了中国很多父母的想法，孩子去学琴，很多并不是孩子真的对弹琴感兴趣，他们只是被动地去实现爸爸妈妈未能实现的愿望。

而我发现，有些外国的孩子弹琴时，他们呈现出的状态不但非常自信，而且弹琴的时候也特别投入，坐在台下的观众都能感受到他们对音乐的热爱。反观中国的很多孩子，也许他们的技法很娴熟，但是，我们却感受不到他们浑身散发出的这种热爱和自信。"其实我觉得我们的音乐教育最大的一个问题就在于，把每个人都当成郎朗去培养。但是，一万个人里头可能只会出一个郎朗，而其他的 9999 个人其实都只是陪跑。"

爱迪生说，99% 的汗水加上 1% 的灵感，才会获得成功。但实际上，爱迪生后半句说的是，其实最重要的是那 1% 的灵感。在 Jack 看来，在艺术教育上，要想获得成功，99% 是汗水，1% 的是内在驱动力，说到底，还是需要有热爱。

反思过去，Jack 说如果再让 Jessica 学琴，他可能会换一个方法，不像原来要求那么严格。他可能会让她先从兴趣入手，一点一点去发掘她对音乐的热爱，然后等到某个她对技术感兴趣的时候，再让她学习那些技法。尊重孩子的意愿，首先培养她的兴趣，然后再谈技巧的提高。

Jessica学琴虽然半途而废，但是，画画她坚持下来了。Jessica学画画一直是在网上跟着一个老师学，那个老师教得很好，所以她的进步也很快。大概学了几个月，就画得像模像样的。刚开始学画画的时候，她没有接触任何技法，现在已经上七年级了，才开始学习一点技法。因为她对画画确实很热爱，所以，即使到现在才开始学技法，她掌握得也非常快。

对于很多艺术专业类的高等院校来说更看重人是不是有天分和兴趣，如果你有这个天分，再往这个方向去发展。伦敦有一所设计学院，很多人会放弃上牛津、剑桥等著名大学的机会，而去上这个设计学院。在外人看来，这所设计学院甚至有些另类，有些人根本就不会画画，但是却被录取了。这所学院的录取标准并不是技术层面画得有多好，而是看这个人到底有没有天分。很多西方的钢琴大师到七八岁才开始学琴，但是，他们就是有这个天分，再经过专业的学习，他们一下子就成为世界著名的钢琴家了。

让孩子学习钢琴，培养的是孩子对音乐的鉴赏力。如果一个琴童过了钢琴十级，就再也没有弹钢琴的欲望，我们可能需要反思是不是把考级当成了目的。美术课是为了提升孩子的审美能力，画画不一定要画得像，而是希望孩子用图画描绘和表达出自己的内心世界。

艺术是培养孩子灵性的部分，我们让孩子学琴，让孩子画画，让孩子多才多艺，其实都是培养孩子的审美能力。音乐是没有国界的，我们听音乐，都能感受到欢乐或悲伤，因为音乐会传递情绪。

绘画艺术也是一样，通过画作去理解画家的灵魂等。这些都是培养孩子的审美能力，这也是一种很难具体去考量的能力。

同样学琴三年，中国孩子的技巧可能非常高超，能够弹高难度的曲子，甚至有的时候一年就弹一首曲子，每天练一个小时。而外国的孩子可能一天只弹15分钟，但是，他们需要练习特别多的曲目，所以会听、会弹很多曲子。

宇宇从8岁就开始学大提琴，学了一年，进步很慢，因为大提琴比钢琴要难很多。我希望孩子能够通过以乐会友的方式，加入学校的弦乐团。张老师是宇宇的大提琴老师，也是一位大提琴家，他说他倒不鼓励孩子这么小就进乐团，因为基础如果不是很扎实，进了乐团以后，反而不好。他希望孩子能慢慢来，达到乐团的水平之后，再进乐团。

所有艺术的表现形式和技巧，其实都是表达内心的一种方式。如果没有外在的这些技巧，也就没有办法把内心表达出来。音乐是一种表达，舞蹈也是一种表达，你没有高超的技巧，你就无法用多种形式来表达你的内心。可能我是比较贪心的妈妈，我希望孩子除了拥有高超的技巧，还能拥有与之匹配的审美能力。

好朋友叶子在德国生活了近20年。她有两个闺女，老大5岁左右开始学钢琴，因为送姐姐学琴时总是带着老二，老二不到5岁也开始接触钢琴。老大二年级的时候和好朋友一起学了吉他，因为是第二门乐器，父母完全没有花费功夫。在叶子看来，把选择权交给孩子，让她们自己做主，这正是培养独立性的好时机。德国音乐方面的权威比较多，所以他们有专门的一套考核系统。在平日的观察中叶子发现，老大的性格不属于很喜欢在场上表演的外向型，和孩子沟通后，叶子选择尊重她的意见，不为了考级而学习钢琴。

尊重与放手需要勇气，也会带来意外惊喜：老大上中学后竟然自己主动报名参加学校的交响乐队，并承担乐队的钢琴演奏，还不断获得极高的评价，也在团队中收获了成长中非常重要的自信力。老二也不甘落后，在二年级时提出学习第二门乐器小提琴，并在非常短的时间内获得了提升。

其实叶子内心更多地希望孩子们在音乐中抒发自己、表达自己并享受音乐带来的愉悦，而不是一定要追求音乐上的造诣。她特别欣赏与珍惜孩子们的自由发挥，特别喜欢看到孩子们通过音乐互动，即便平时的练习时间不够长，但如果是专注或充满乐趣的，那这一切就很有价值！

孩子在儿童时期，我们可以给孩子提供足够的空间，让他们广泛地去尝试，去触碰内心的兴趣点。父母可以在一旁观察，并适时加以引导。随着孩子独特兴趣的形成，让他们多维度持续去投入。而这个投入也包括，父母如果想让孩子学会这个东西，那么自己要先深入了解，与孩子共同成长。

Jessica学琴的时候，Jack就会看五线谱。同样一首曲子，不同的演奏家弹出来的风格有什么差异，Jack也能完全掌握。Jessica学画画，她妈妈也能够去辅导。当然，这么精英的父母比较少，因为双方都出身于名校，而且愿意为孩子付出这样的心血。如果是一个相对普通的家庭，孩子不太可能有这样的条件的话，那就尽量去寻找好老师。即便不懂音乐乐理知识，我也可以喜欢音乐。不论是来自大城市，还是来自小山村，我都知道莫扎特、贝多芬与巴赫的区别。这其实是一个意愿的问题，而不是能力的问题。

第二章
Chapter 2

父母和孩子并肩成长

人生很长,在这段共同的旅程中,但愿我们可以看见孩子,孩子也可以看见我们。如果父母是这段旅程的光源,让我们发出光,既照亮孩子,也照见自己。

隔代教育的冲突在所难免

我4岁的时候,爸爸就出国了,在国外待了十几年。只有在短暂的假期,我们一家人才会团聚。我妈妈是大学老师,她一个人上有老,下有我,还有不少的教学任务,所以有时候会顾不上太多。她对我的唯一要求就是学习成绩好,除此以外,其他的都不是事儿。

在我16岁之前,爸爸并没有长久地陪伴过我,但我们的交流却是无比顺畅与真诚的。我总记得爸爸每个月写给我的长长的信,而我也每个月回一封长长的信,家里保存的小时候的信件都堆成了小山。

爸爸总是到不同的国家出差,长驻。每到一个地方,他都会给我寄当地的特产。我十岁的时候,爸爸正好在西非的一个小国家——塞拉利昂。塞拉利昂是一个盛产相思豆的国家,拿到来自非洲的一大堆相思豆时,我觉得特别漂亮,无意中告诉爸爸,如果能用相思豆穿一串项链就好了。结果我十岁生日的礼物,就是一串红色的相思豆项链,是爸爸用一毫米的钻头一颗一颗钻出孔,然后一颗颗穿起来的。也许爸爸的爱都表现在点点滴滴的生活小事上了吧。

虽然爸爸不常在我身边,但是,我们却无话不谈,写信,打电话,还有短暂的相聚,建立亲子间的信任。父母子女之间,需要有效的交流,需要建立这种信任,如果没有这种信任,即使天天在一起,也不一定能很好地沟通。因为爸爸经常不在家,所以,我就会更加珍惜跟他在一起的时光。

缘分这事真是挺奇妙的,我儿子居然跟我爸爸同一天生日。爸爸说,他这辈子收到的最好的生日礼物就是我的儿子。怀孕的时候,离孩子的预产期还有一个月,我回家给爸爸过生日,结果突然羊水破了,当时大家吓坏了。爸爸开着车,一路送我去医院的时候,我一直在心里默念,祈祷我和孩子都能活下来。因为完全没有经验,我特别害怕,感觉羊水破了是一件很危险的事情。到了医院以后,医生当晚就给我做了手术,当我第一次看到宇宇皱皱巴巴的样子时,我有种莫名的感动,生命真的是很奇妙啊!回到了病房以后,我特别担心别人把他偷走了,所以就一直拉着他的手。我终于明白了为什么小孩生出来以后大家都叫他宝贝,就是从心里油然而生的一种爱意的表达。

宇宇刚出生时比较瘦弱,那个时候我就希望他能健康地活下来,只要他健康,我就觉得很高兴。在生命的最初,我们对孩子都没有太多的要求，只希望孩子健健康康地长大。

由于我和先生工作都非常忙，所以，双方的父母也帮我们带孩子，这是现在很多中国家庭的常态。但实际上，在很多西方国家，即使是双职工家庭，他们也会选择自己带孩子。当然，让老人参与到我们的小家庭当中，是大环境下的无奈选择，但从另一个方面来讲，老人和孩子之间的相处，既让老人享受到了天伦之乐，也让孩子拥有了更多的爱。

宇宇去幼儿园面试的时候，我记得自己当时特别骄傲地跟幼儿园的园长说，我们家都是知识分子，我们的父母也是知识分子，所以，我们能给孩子非常好的教育。但是，我后来才发现，即便我家父母都是高级知识分子，做了一辈子教育，我们在孩子教育方面也会发生分歧。毕竟教育观念的差异，知识结构的更新，以及两代人对孩子的期待都不相同。

因为给我的陪伴很少，所以，在带宇宇的时候，爸爸就会把对我的爱弥补在宇宇身上，对孩子有点溺爱。有时候和父母发生冲突的时候，我感到特别绝望。我甚至会想，如果我们的父母没有文化是不是会更好，至少他们会觉得我的方法才是对的。

父母的教育经验和理念来自他们那个年代，他们觉得最好的教育方式，可能在我们这个年代已经不再适用了。时间不会倒流，隔代的教育理念一定会有差别，所以，有时候，冲突在所难免。

父母觉得自己已经带大了我们，从这个方面来说，他们的确有了"成功"的经验。而我们是第一次当父母，我们没有经验。所以，他们才会理直气壮地教导我们，想把他们认为对的经验告诉我们。

有的时候我会跟父母说:"很多时候,即使是真的错了,那也得是我亲身经历过,我才会认识到自己错了。你告诉我错了,可能我并不认为那是错。我经历过了,哪怕我摔得头破血流,我才会成长。这是我的人生,可能我养孩子的方法错了,但是这是我的孩子,能让我试试吗?"

哪怕我确实是做错了,这也是我的成长。

父母不缺席,老人才能不越位

工作这么多年,我认识了很多好朋友,他们既是我工作中并肩战斗的战友,也是生活中给我许多帮助的良师益友。在碰到如何教育孩子使用电子产品的时候,我第一个就会想到和 IT 小王子 Louis 打电话商量。Louis 的太太在美国工作,为了家庭团聚,Louis 毅然决然放弃了国内的一切,去了美国。

Louis 家有两个孩子,孩子小的时候,双方的父母一直都帮着带孩子。在中国人看来,老人帮着带孩子是很正常的事情。Louis 就一直在思考这一个问题:将来我会不会帮我的孩子带孩子?我现在的想法是能不带就不带。我现在是这样想的,但我也难保证未来他们的孩子生下来之后,如果他们希望我帮着带,或者他们愿意我帮着带的话,我就一定不去帮忙。当然,如果在身体、精力允许的情况下，我觉得我是不排斥的，毕竟我们从小在中国社会长大，包括我们的父母都是这样的。再进一步说，如果等我的孩子成了爷爷辈的时候，我很难想象他们会再去帮着他们的孩子带孩子了。

他希望用孩子能够接受的方式来和他们相处。换句话说，孩子如果不希望老人帮忙，就不要强求说一定要去帮他们带；如果孩子也希望老人来帮忙，他可能也会很愿意帮着去带。

Louis 说："等我成了爷爷，如果我帮忙带孩子的话，我一定不会主导，因为毕竟孩子的第一责任人是他的父母，而不是爷爷奶奶。我们把自己的孩子带大，就已经尽到作为父母的责任了。等到了孙子这辈的时候，就让孩子的父母成为他们的第一责任人，让第一责任人去履行他们的责任。"

Louis 常常把自己放在老人的角度去考虑隔代教育的问题，他的思考也给了我很多启发。对于第一责任人而言，他们也知道养育孩子是他们的事情，他们应当有话语权。所以，在这点上，爷爷奶奶、外公外婆需要摆正自己的位置，不要喧宾夺主。尽管你们可能很有经验，有成功案例，甚至也有非常高的知识水平。但是，从责任的角度来说，你们不是孩子的第一责任人。一定要把这个责任交给该负责任的人。即使你们认为这些父母没带过孩子，也不要去剥夺他们应当负的责任。

爷爷奶奶、外公外婆做好保障工作，在需要做决策的时候，比如说孩子的父母教育孩子时，尽量少插手，可以有一些交流，提出意见，但是，还是让孩子的父母做决定，这样才能保持家庭的和谐以及孩子在成长中不受到太多不同声音的干扰。

老一辈帮忙带孩子的家庭，如果能有比较明确的分工，老人主要负责孩子的生活，学习或者读绘本则由爸爸妈妈负责。这样，双方互相尊重，互不干扰，也能减少很多家庭矛盾。矛盾的发生其实更多是由于缺乏界限感，我希望能改变你带孩子的做法，你也希望能改变我，而实际上，双方都改变不了彼此，于是，原本和谐的家里出现了不和谐的声音。如果双方有明显的界线感，这些问题就基本可以避免。

我们和自己的原生家庭是一种亲子关系，我们是父母的子女，独立后从原生家庭剥离，对于我们来说，这是一种成长。特别是我们有了自己的家庭后，我们已经完全是一个成人，有自己的世界观和人生观。如果父母还想给我们意见，那也仅仅是意见而已，仅供参考，我们依旧可以按照自己的想法和思路去做。当然，往往父母的意见也会给我们更多启发，能拓宽我们的视野，让我们考虑问题更全面一些。

我们都爱自己的孩子。但是，对于孩子来说，我们只是陪伴他，他最终要去成为他自己。中国人以前会说养儿防老，现在大部分父母并没有这种传统思想，这样，孩子就有了很大的独立空间。父母与孩子之间的联系没有那么紧密，但这并不代表我们和孩子不亲密，而是我们可以很平等地对话。父母尊重孩子，孩子也愿意跟父母倾诉，这才是一个更良性的关系。

甚至夫妻两人在商量孩子教育问题的时候，也要划清责任。Louis家的责任划分就非常明确，一些板块是由太太来负责，比如说弹琴，在这方面Louis不多插手，有时太太可能非常严厉地批评孩子，让孩子觉得难受，孩子一边哭一边弹琴，Louis也不多去管。而Louis带着孩子去锻炼时，他太太也不去插手。

丧偶式育儿是国内不少家庭面临的问题：就是爸爸什么事情都不管，任何事都是妈妈管。但比丧偶式育儿更让妈妈感到痛苦的，是爸爸横插一杠子，帮倒忙。他觉得自己应该负点责任，但是又没有真正承担起这个责任，反而还在这个过程中去干扰责任人的权威。因为社会对爸爸的要求以及他们自身承受的工作压力等，很多爸爸鲜有陪伴孩子成长的时间。而爸爸在孩子成长过程中的缺席，不仅会导致孩子对爸爸的感情不够深，甚至可能让孩子产生性格缺陷。实际上夫妻俩应该共同承担孩子成长的责任。

为什么国内那么多的老人要参与育儿？可能老人觉得孩子的父母不负责任，或者他们因为工作太忙，没有承担起作为父母的一些基本责任，所以，老人要越位，去参与这个事情。父母如果真的百分之百承担起他们的责任，让老人觉得没有必要在中间过多参与，只要做好后勤保障就可以了，这样的话，家庭会更加和谐。

当然，意愿是一回事儿，能力是一回事儿，环境又是另一回事儿。但是父母要有这个意愿，只要有时间陪伴孩子，就尽可能地放下手机，放下其他一些干扰性的东西，跟孩子真正待在一起，把这个时间充分利用上。父母要有意愿，主动去陪伴孩子。

最好的教育方式就是以身作则。父母只要是跟孩子在一起，就尽量百分之百参与进来，让孩子感受到你是在关注他，你是在全身心投入地去陪伴他。尽量每隔一段时间，可能是一整个周末，或者是一个五天假期等，通过旅行、家庭聚会这样的方式，跟孩子完全待在一起，一方面增进感情，另一方面也增加对彼此的了解。

焦虑是养娃的常态

宇宇最好的朋友小麦，各个方面都非常优秀，学习成绩很好，待人接物也很周到，在班上还是中队长。小麦妈妈在我们家长圈里也特别有影响力。因为工作很忙，我很少去学校开家长会，学校有什么事情，我总是去请教小麦妈妈，她也一直很耐心地帮助我。有一次学校搞英语配音，小麦妈妈将自己的配音发到了群里，她的英文讲得特别流利；还有一次学校搞音乐活动，我惊奇地发现小麦妈妈居然还会弹钢琴，简直太多才多艺了。

小麦妈妈大学毕业后，一直做律师。结婚之后，她觉得律师的工作不太适合自己，就转行去服装学院学了设计课程，开始自己做淘宝。有了孩子之后，感觉做淘宝太辛苦了，有些力不从心，也想给孩子更多陪伴，于是，在孩子差不多两岁的时候，小麦妈妈就选择做了全职妈妈。

孩子的成长需要父母的参与，自己养育出来的孩子和他人养育出来的是完全不同的。但是，全职并不意味着就是把所有的时间都投入在孩子身上，还可以做一些自己喜欢的事情。因为父母的社会交往对孩子也有影响，尤其对男孩子来说，完全不工作的父母并不是一个很好的榜样。

在小麦妈妈看来，如果爸爸可以负担孩子的教育费用，保证全家的生活质量，妈妈完全可以全职在家。但全职在家的条件是什么？妈妈自己必须有能力、有文化，把孩子带好的同时，还可以做好自己想做的事情。

除了照顾好孩子的饮食以外，更多地陪伴孩子，在有限的时间内教会孩子学习方法和科学的思维方式。同时，还要有自己的爱好，如果把注意力全部集中在孩子身上，孩子的压力会非常大。任何一个人都需要自由的空间，就像画画一样，用笔墨渲染画面，也得有留白的区域。如果全天24小时被人盯着，肯定谁也受不了。

看到小麦妈妈带娃从容淡定，我总是赞不绝口。一次聊天中，她说："这个时代似乎没有不焦虑的家长，除非对孩子完全没有要求。但是，我们做了父母，天然就会对孩子的未来充满期待。无论是选择全职在家还是工作在外，妈妈都希望自己的孩子能够更好地成长。我们不可能不焦虑，只能说尽量降低自己的焦虑，尽量不把自己的这种焦虑带给孩子。我们需要跟焦虑和解，去适应焦虑的常态。"

不仅仅是在中国，生活在新加坡的Maggie也有过焦虑的时刻。30岁时，Maggie有了第一个孩子，那时候也许经济条件没有后来那么好，但精力与体力跟得上；到了四十多岁的时候，财富积累到了一定地步，但是人的精力却跟不上了。第二个孩子既然来了，她就留了下来。她本来计划好，老大已经长大了，她要去做些什么。结果，突如其来的一个孩子，打破了她所有的计划。为此，她还痛哭了好几天，她很忐忑，因为她知道养育一个孩子有多么辛苦。

老大1岁半以前，孩子所有的事情她都是亲力亲为。生完老二后，她专门请了一个菲佣。Maggie跟老二说中文，孩子只能用英文回答。因为老二由菲佣照顾，所以尽管孩子的英文说得很好，却几乎不会说中文。Maggie觉得这是个很大的问题，就把菲佣辞退了，自己照顾孩子，每天跟他用中文交流，给他读中文故事书，慢慢地老二的中文也很好了。

在养育孩子的过程中，父母其实也在成长，我们是跟着孩子一起成长的。养第一个孩子时，父母总会很紧张，总觉得一定要严格按照书上说的做，不然就是对孩子不负责任。我相信很多人都会有这样的经历，Maggie也是如此。但是，有了养老大的经验，到老二时，父母就会从容很多。所以，老二往往生长得更加自由。

现在有特别多的二胎妈妈，她们总是会感到特别困惑，怎样去处理两个孩子之间的感情呢？尤其有了老二后，老大会觉得他原本拥有的爱被分走一半，于是就会对弟弟妹妹充满敌意。我在Maggie那里听到了一个很特别的表达。老大和老二差了大概11岁。有了老二后，老大认为爸妈很偏爱老二，而对他太严格。Maggie就对老大讲："你要明白，你永远比弟弟多11年的爱。"

虽然是同一个妈生的，在同一个家庭里成长，但Maggie家两个孩子的性格却截然不同。一家人在小吃摊吃饭,老大吃得热火朝天,高兴得不得了;老二却坐都不坐,就在那儿站着,因为他觉得小摊贩很脏。

老大小时候的学习让妈妈操碎了心,而老二从小就是学霸。成绩单拿回来,老二对 Maggie 说:"妈妈,我没有考很好。"Maggie 还准备安慰他一番,结果他接着说,"我没有考满分,我们老师说了,班上没有人考满分,我是第一。"老二对自己的要求极其严格,自尊心极强,但是不愿意跟人接触。老大有奉献精神,很喜欢跟人交流。

Maggie 每年都会带着孩子们去旅行,旅行的地点由孩子们决定。在旅行期间,一家人 24 小时都可以在一起,同时,还能让孩子增长见识。见过不同的世界,孩子就会知道这个世界上有各个不同的国家、各种各样的人,每个国家、每个人的生活状态都是不一样的。这样,人会更包容,对于自我和世界的认知也会更客观。

在剑桥,我结识了这样一群杰出的华人女性,她们不少是跨国婚姻。她们几乎都毕业于剑桥大学、牛津大学,现在是各行各业的专家,其中不乏科学家、艺术家,湘渝是这个圈子里的杰出女性之一。湘渝博士在剑桥生活了二十多年,她是知名的环境科学家,更是四个娃的妈。旅行也是湘渝喜欢带着孩子们做的事情,虽然生活和工作都无比忙碌,但是,她给我留下的印象却总是淡定而从容。

一年夏天,湘渝一家人回国度假。老三一向喜欢捡石头、树枝等"宝物",家里的后院,也堆着各种各样的树枝。在成都的金沙公园,老三又搜罗了一堆路边的石头。想着坐飞机没法带着这么多石头,湘渝便劝说孩子放弃,可老三没被说服。结果在机场,孩子爸爸居然把老三捡的石头都托运了。因为在爸爸看来,"宁可托运石头,也不愿孩子不开心。"

石头在湘渝家有不可动摇的地位。还有一次带孩子度假,湘渝给老三买了特别漂亮的石头。结果回到车里,石头就找不到了。老三很伤心,全家人折回去又买了一块。玩了半天,老三又找不到她的石头了,再次回去买了第三块。可在要离开的时候,老三的石头竟然又不见了!当他们第四次回去买同一种石头的时候,连工作人员都忍不住笑问:"你们怎么又来了?"

湘渝的坦然与释然,不是因为她天生有超人的能力,而是她对生活总是有着天然清醒的认识,对生命总是怀着最初的爱。

面对孩子那么"无理"的要求,很多父母可能会无比焦虑,拒绝孩子似乎是理所当然的。可静下心来想想,孩子的那些要求真的就是无理的吗?我们只是被焦虑的心态弄得失去了耐心。更别提那些同时要兼顾工作和家庭的妈妈,工作日的时候,脑子需要无数次切换,工作电话、数据图表已经让人焦头烂额,最怕突然接到学校老师来电,通知你孩子在学校犯了错误或是生病,请速来学校一趟。那一刻,更是觉得自己的脑子里好像合成了几块CPU,同时在运行,不断切换角色。

湘渝曾在她的文章里写道:"有了孩子,妈妈的生活就是有时群魔乱舞,有时哭笑不得,有时又平静如水。当然,平静如水是只有在孩子睡着后才会出现的场景。鸡飞狗跳后怎么办?深呼吸,按一下暂停键,想想自己可否调整,常反省,常改进。"

放平心态,先处理好自己的情绪,尽量不把焦虑烦躁的情绪传递给孩子。这样,孩子才会在一个更加平和的环境里成长。

孩子才是主导

二胎政策放开后，总有人问，你什么时候要老二？再不生就老了。实际上，我是单独家庭，一直都可以生老二，关键是到底有没有准备好的问题。

多生一个孩子真的是多个人、多双筷子的事儿吗？在国内，尤其是在北京、上海、广州、深圳这样的大都市，多一个孩子的经济压力是可想而知的。就算衣服和玩具可以共用，其他的从早教到幼儿园，再到每个孩子需要的爱和陪伴，是一个父母双方都有事业的家庭无法完全保障的。在国内的家庭里，我真的很少见到夫妻事业都成功，两个孩子带得好，家庭无比幸福的。大多数的二胎家庭要么有全职妈妈，要么有全职奶爸。二胎时代，绝不是只管生不愁养的。

生不生二胎，要看对于你来说，二胎意味着什么？意味着孩子长大了不孤单，意味着家里人丁兴旺，意味着人家有了我也要有，意味着事业遇到低谷，怀一个再说？我想，二胎时代的到来，我们更要思考我们要的是什么。孩子不是我们生活的全部，总有一天孩子会长大，会离我们而去，那个时候，我们的自我又在哪里？

宇宇参加一次采访，给我打了零分，让我感慨万千。我一直觉得自己是完美的妈妈，但是不可否认，我在和他沟通的时候，有时候会压不住火。虽然我也不断和自己说，自己的理念是对的，立规矩和陪弹琴就是需要虎妈权威，但是我可不可以更有耐心？可不可以更少一点简单粗暴？其实这还是和我自己高强度的工作压力有关系的，也和孩子爸爸"空中飞人"的状态有关。有时候不是想不想生，而是是否具备生的条件。一个孩子都养不好，何必再生一个呢？先把一个孩子养好，把自己的状态调整好，让大家都从容些，不要赶着做事情，是不是更好呢？当然，生不生二胎是每个人的选择，没有对错，自己开心就好。

有几个娃不重要，一家人幸福开心，每天都能有自己放松遐想的时间，每天不要过得像打仗，不要疲于奔命，是我更想要的状态。

我经常会问自己，我到底算不算是虎妈？我到底算不算是中国式父母？我到底能不能给孩子一个野蛮生长的童年？宇宇是男孩，能不能让他从小玩泥巴、爬树、钓鱼、捉虾，让他自由成长？看了那么多国外的家教书，国内的书也看了不少。虽然各类育儿大家的观点都不一样，但是，我也结合自己这么多年的教学经验和价值观形成了自己的育儿观。可实际操作起来，客观环境，现实生活，一次次地平衡与纠结，我也在不断地改变与妥协。真的能按照国外书里说的来养娃吗？大环境允许吗？家里实际情况允许吗？

宇宇第一次上早教课是他58天的时候，上了三年。如果有人问我为什么要报早教班，你自己可以在家教孩子啊。我的目的很简单，让孩子有个社交场所，仅此而已，不指望他学任何知识。现在的大环境，真的到了想给孩子找个玩伴，得花钱上早教课的地步。对于我而言，早教课在孩子1岁半之前，体验是不错的，对于孩子坐、爬、走和语言的发展都有好处。如果要问是这家早教班好，还是那家早教班好，千万不要太纠结。离家近，老师好最重要，只要是大的机构其实教学体系都差别不大。

2岁3个月时，宇宇开始上幼儿园。幼儿园里有各种延时课，绘画、数学、英语、下棋、武术、钢琴，起初我们也是什么课都报名，看看孩子对哪些有兴趣。两年下来，并没有觉得孩子有哪方面的显著提升或者变化。孩子3岁时，我和周围的朋友开始交流，发现大家几乎已经对孩子上哪所小学都准备好了。早就备好了学区房或者准备把孩子送入国际学校，抑或户口已经转入爷爷奶奶家，可以上不错的学校。那时的我，每天坚持做的就是陪孩子读书。值得自豪的是，也许别的成绩宇宇真的没有，但是他有非常好的阅读习惯，最大的爱好就是读书，我想将来他会受益一辈子的。

宇宇一直都特别想学打冰球，但由于不到年龄，我们没有送他去。现在很多孩子，开始什么都学，英语、冰球、乐高等。而越来越多早教机构的课程也都寓教于乐，不会让孩子觉得枯燥。可是，我还是不忍心剥夺孩子的周末。所以，我的原则是周末让孩子睡到自然醒，认真放松玩两天。

宇宇4岁时去参加钢琴一级考试，让我感慨万千。回来后和孩子商量了很久，我们决定了他幼儿园阶段除了钢琴认真弹，其他暂时都不考虑。

带着孩子去中国儿童中心参加考试，虽然孩子在幼儿园学了一年钢琴，但是说实话，我真的没有上心。直到报名参加考级后的一个月，才发现哪怕只是一级，也远远没有想象中的容易。三首曲子和一个音阶，要背谱弹奏。以前都听说人家的孩子从四级考起，我以为一级就是好玩。然而在陪孩子每天练琴的这一个月里，我着急得颈椎病也犯了。4岁的孩子，面对着钢琴，种种枯燥，我真的体会到了为什么说琴童没有童年。

考试那天，我注视着他小小的背影，我才发现他是那里最小、最矮的孩子。他甚至都不知道什么是考试，但是他特别开心、特别自信。等待考试的那半个小时，对于我真的是煎熬。我不是担心他能否通过考试，而是担心他怎么从考场走到楼下找我们。我当时甚至在想，会不会有拐卖儿童的人混入大楼里。直到看见他从电梯里走出来，我才深深地舒了一口气。

回去的路上，我和宇宇认真地聊了关于弹琴的问题，他很确定地告诉我他愿意坚持。看见他坚定的眼神，我在想我有什么理由不好好培养他，不好好陪伴他呢？培养孩子需要我们一点点的坚持和坚定。本来还想给他报名学乐高，还想要不要再学学英语，但是决定现阶段只做一件事，就是弹琴。也许不只是学弹琴这件事，而是通过弹琴培养孩子坚持不懈的品质。以后的路还很长，我们要让孩子幸福、自由、快乐。但是，我们也想尽最大的努力把孩子培养好。

在这里，把龙应台写给儿子安德烈的一段话送给大家，和各位妈妈共勉："孩子，我要求你读书用功，不是因为我要你跟别人比成绩，而是因为，我希望你将来会拥有选择的权利，选择有意义、有时间的工作，而不是被迫谋生。当你的工作在你心中有意义，你就有成就感。当你的工作给你时间，不剥夺你的生活，你就有尊严。成就感和尊严，给你快乐。"

剑桥大学科学家,四娃妈

湘渝和她的先生在职场颇有建树,两个人都非常敬业。全职工作并带四个孩子,实在是让我佩服得五体投地,尤其是和她聊起各自的教育理念时,更是感觉倾盖如故、相见恨晚。业余时间她也承担了不少社会工作,她是剑桥有20年历史的剑河风文学社的创始人和主编,也是剑桥大学纽纳姆学院资深校友组织的秘书长,20年前还联合创立了中英资源与环境协会,等等。虽然非常忙碌,她却从来都是一副恬淡优雅的样子,她自嘲地说因为自己是"懒妈",其实每天的生活也是一地鸡毛。

湘渝告诉我,虽然亲力亲为养育好几个孩子,确实很辛苦,但生命带来的喜悦超越了一切。全职工作,还有了几个娃,属于自己的时间比较稀少。只有飞机上的时间完全是自己的。如果独自出差的话,也就是自己的假期。在养育孩子的过程中,无论遇到多么艰辛的事情,只要想想这个生命的起点,很多事情相对来说就没那么烦恼了。最初,当小生命来到这个世界时,我们只有一个最朴素的愿望:只要他健康、快乐,父母可以为了孩子付出一切。只是随着时间的推移,父母对孩子的期望才会越来越高。

湘渝曾说:"当对孩子的耐心降到零点的时候,就想想他出生的那个瞬间。当因为孩子没有按我们的期望那样做而烦恼的时候,就想想产房里那个一丝不挂的新生儿。凭什么我们要给孩子诸多期望呢?孩子就是一个活泼泼的生命,他的生命从出生的那天起,属于他,而不是属于我们。他就是一个纯粹的生命,上苍只是让我们守护他,而不是拥有他。"

"父母不需要为孩子包办一切,在家里培育一个良好的生态系统,做好园丁,为孩子'浇水施肥',孩子自然会按照他们本来的样子自由生长,开花结果只是迟早的事儿。"

生活是真实的,不可能每天都是笑语嫣然、岁月静好。很平常的日子,当然有无比欣喜的时刻,也有情绪低落的时候。孩子一天天长大,在孩子很小的时候,我们总想着孩子快快长大,等到他自己独立了,我们能有自己自由的生活。可是,真到那个时刻,我们其实是怅然若失的。因此,能有一段一起同行的路,那就好好珍惜每一天,哪怕每天忙得人仰马翻,也好过井井有条的日月蹉跎。因为这就是我们真实的生活。

湘渝谈道:"生活是没有答案的,有的只是时间的碎片中的感受而已。日子不是每天逝去的日子,而是我们记住的日子。窗外的绿树和烤箱里的蛋糕,太阳的芬芳和满屋的光影,孩子们叽叽喳喳的笑语喧哗,才是最动人的风景。生活中有多少琐碎,就有多少亮点。闪光的,是记忆里在一起的时间。幸福只是那个时刻,不是昨天和明天,而是现在。"

我们都视自己的孩子为宝贝。只要家里的环境是积极向上的,这个家里的孩子自然就会积极向上。无论孩子将来上什么大学,做什么职业,即使孩子出去碰得头破血流,只要妈妈可以永远无条件地不做任何评判地接纳孩子,孩子就会有无限的勇气面对社会的挑战。

培育一个良好的生态系统,对于双职工家庭来说,需要有计划、有组织、有行动。湘渝家每周日的晚饭时间都是开家庭会议的时候,下周每天每人的安排,都梳理一遍,每人可轮流发言,包括参加 Party、接送孩子的安排等。在这个会议中,孩子是主导,她们参与决定家里的大事小事,而不是每天做什么全是家长说了算。

家庭会议中"走调"也是常态,不过没关系。互相指责和抱怨是好事,说明大家能直言,家长能直言,更可贵的是孩子也能对家长直言。有时候孩子提出的问题现场不易解决时,湘渝会建议"我们都想想,再找个时间单独一对一地谈"。有不同意见是正常的,家庭会议的重点是我们彼此是不是听见了不同意见。尤其是孩子的意见被听到,比现场解决问题更重要。家庭会议的关键是有机会让孩子把问题说出来。这样的机制,一是增强了家里每个人的安全感,二是孩子们之间可以学会平和议事。孩子们也会争吵、闹别扭,但他们慢慢会明白,只是比谁的嗓门大,比谁的脾气大,解决不了任何问题。

周末还有家庭讲座时间。每周两人,三周一轮,每个人讲什么完全自己定，没任何限制。在家庭讲座中，湘渝给孩子们讲她的工作；爸爸给孩子们讲他多年前周游世界的故事，讲讲计算机是如何工作的；老四讲她的学校夏游；老三讲她的石头收藏；老二讲墨鱼；老大则对古典文明感兴趣，给大家讲了古希腊神话等。每人讲的话题都在不断更新之中，因为每周都会有新鲜事。

一个大家庭就是混龄教育的最好实验场。孩子们在争执和试错中学习，也许领导力就是这样萌芽的。家里的人多起来，不仅是热闹了许多，还无形中锻炼了孩子们的沟通能力、社交能力。"没空管孩子"，实际上就给了孩子更大的自由空间，孩子得以有时间做自己想做的事，反而会发现自己的兴趣。做父母的，做好自己的事，孩子也就在无形中学会了自我管理。

对于大女儿的学习，湘渝早就退居二线。自从上中学，她就自己管理自己的学习了。全职工作之余，湘渝还得照顾幼龄孩子的基本需求。大女儿在家里会帮助打理家务，有空时做饭烘焙，课余也协助照顾妹妹们。这样她从小就比较独立。女儿在真正的生活中成长，生活即教育，从小她就养成了自己的事情自己负责的习惯。

大女儿在面临大学报考专业的时候，也没有完全听从妈妈的意见，冲突后的选择让她更明确自己的想法。在明知风险较高的情况下，她最终还是坚定了自己的选择。她说她不能因为要进剑桥，而选择在大学期间学一个她不喜欢的专业。她不是拍脑袋跟着感觉走去报考，而是仔细搜索了这个领域各所她感兴趣的大学的课程设置，做了一番深入研究后才选择了报考剑桥。湘渝从没研究过各个大学的某个学科的课程设置，这让她反思，凭什么就会觉得自己更高明呢？孩子自己才是此次选择的主体。湘渝体会到，建议没被孩子采纳的时候,父母可以退后一步,尊重孩子的选择。甚至女儿去剑桥面试的时候,湘渝还在为了工作而早出晚归。不是不为孩子操心,而是,湘渝对自己的孩子有信心。湘渝曾写道:"我们总是说,我看着这个孩子长大的。其实,家庭里,父母和孩子们是共同成长的。可以说父母是'家'这辆车的司机,孩子们是这辆车上的乘客。刚开始时,由司机掌握这辆车的方向,决定大家要去向哪里。等到乘客 18 岁左右,离家上大学了,他就下车自己当司机了。如果父母和孩子的意见经常不一致,这辆车里时常充满了争吵声,这辆车又怎么能安全地行驶呢?所以,放轻松,少焦虑,让我们和孩子享受这一段同行的旅程,我们的车才不至于走错方向甚至翻车。"

"If you can't say something nice, don't say anything at all.(如果不能说好话,最好什么也别说。)这个也完全适用于如何对孩子说话。作为一个生命,最重要的,是感到希望,而不是绝望。倾注很多爱给生活,生活就会回馈很多希望。"

正如湘渝所说:"人生很长,在这段共同的旅程中,但愿我们可以看见孩子,孩子也可以看见我们。如果父母是这段旅程的光源,让我们发出的光,既照亮孩子,也照见自己。"

出海看鲸鱼,雀跃不已

马尔代夫海滩看日落

新西兰激流岛上拾贝壳

PART 2
体验生命

第三章
Chapter 3

带着孩子看世界

在路上遇到的美好,在路上碰到的挫折,和父母一起共度的快乐时光,和陌生人相遇时的微笑,都会成为孩子记忆中最美的风景,他们的心胸也会变得更加宽广。

走走停停看风景

儿子上小学后经常会质疑我：为什么其他同学家里有个全职妈妈或者全职爸爸，而我们家却没有？为什么其他人的妈妈在孩子弹钢琴、拉大提琴和学习的时候，都能好好辅导，而他只能靠自己？我也问过自己，会不会为了孩子放弃自己的工作？或者说为了孩子的人生，而牺牲自己的人生？

我和先生都是工作狂人，我们热爱工作，并且全情投入，加班、出差，甚至是在全世界不同角落飞，就是我们的常态。我们始终认为，孩子的人生是他自己的，我们的人生也是自己的，儿子长大以后有自己的生活。我们不能在孩子小时候丢掉了自己，到孩子大了还要和他绑定。

我想这是国内不少家庭目前的常态，当孩子长大要远走高飞时,似乎父母和孩子都无法独立生活,心理无法断乳,生活互相无法自理。无所谓对错,我更希望在我们和儿子各自独立的生活中,互相成就。我们尽力帮助和陪伴孩子,但是,我们也要把自己的生活和工作方方面面打理好,给孩子树立好的榜样。所以,能和儿子在一起的时光,我们都很用心。高质量陪伴,不仅是物理空间上和儿子在一起,而是真正地交流、沟通和相处。

回到北京以后,儿子常常感叹,在纽村我们一家人能够每天一起吃晚餐,晚餐后出去散步,走过家门口的公园,再走几步就到了海滩,阳光铺满了海面,闪烁着金色的光芒,海滩上的海鸟来来回回,我们每个人讲讲今天这一天的情况。回到家还早,我们便一起读书、谈心。

回到北京的生活节奏比较快,我们不是出差,就是加班,回到家时儿子也快睡觉了,而且他在学校的作业也不少,每天可以真正交流的时间似乎越来越少了。每次儿子感叹时,我都会安慰他,现在每一天的努力都是为了有一天在国内,大家也能过上晚饭后散步、谈心的悠闲生活。

同时,我们也更加珍惜和孩子一起度过的童年时光,每一个周末和假期,我们都会安排各种活动、旅行。每天送孩子上学,看着他一天天长大的背影,自己一天天老去,眼前的一切将来都是满满的回忆和感动。

小时候读汪国真先生的诗,他曾说过:"我喜欢出发。凡是到达了的地方,都属于昨天。哪怕那山再青,那水再秀,那风再温柔。太深的流连便成了一种羁绊,绊住的不仅是双脚,还有未来。"的确,带着孩子旅行,恐怕是我们这一代父母陪伴孩子最好的方式。带着他们看世界，看看这个世界有多大，了解各地的风土人情，探寻不同的文化差异。从两岁开始，宇宇就和我们走南闯北，到不同的国家、不同的城市旅行。

比起当年自己留学时，背包客似的，流连忘返于各种博物馆、酒吧和景点，现在的带娃旅行则更加没有目的性，就是走走看看。小时候带儿子旅行，旅行对于他来说就是和爸爸妈妈换个地方待着。那时候我们总是选海岛，几乎走遍了亚洲的海岛。不想错过他成长的每个时刻，和孩子相处的时间总觉得过得特别快，每天和他聊天，陪他玩耍，享受他对我们的依恋。他也因为沉浸在爸爸妈妈围绕在身边的氛围里而雀跃。

日出时分，我常常吹着海风，听着海浪练瑜伽，筋骨舒展开来。然后进屋叫醒儿子，一起吃早餐。每天可以吃到各种热带水果，满眼都是五颜六色的鲜花，随手捡一朵起来，就可以戴在头上。漫无目的地走在海滩上，陪孩子挖沙、喂鱼，还可以躺在沙滩上读书、看日落，晚上喝着酒，和孩子一起数星星。也许对于我来说，这就是最享受的放松。不需要每天疲于奔命，不需要每天游览观光，只是每天待着、走走、好好聊聊天——这是儿子4岁去马尔代夫时我随手记下的文字。

马尔代夫是亚洲最小的国家，但却是世界上最大的珊瑚岛国，其中202个岛屿有人居住。来马尔代夫的朋友大多是感受酒店奢华的服务、享受海滩的阳光和体验各种水上运动。我们专门雇船去了当地居民居住的一个小岛，想感受一下这个印度洋岛国的淳朴民风。对于孩子来讲，发达国家和第三世界国家都应该去看看，看看世界有多大。

刚上小岛，感觉自然风光旖旎，没有经过修饰和雕琢，就是岛国原生态。沙滩上有居民休息的长凳和床，让我想起小时候夏天露天睡觉用的竹床。

马尔代夫的国防体制十分独特，全国没有陆军、空军和海军，也没有警察和海上巡逻队，只有一支准军事性质的国家安全卫队。这支部队被赋予了陆军、警察和海上巡逻等多种职能，并承担了维护国内安全、打击领海水域的非法捕鱼和走私等重要任务。

岛上只有一家医院，里面有一个医生和两个护士，感觉有点像国内的农村卫生站。岛上的农业很不发达，可能是因为土地贫瘠的缘故。

我们看见了岛上的小学，儿子很感兴趣。不愧是珊瑚岛，墙面几乎都是用珊瑚砌成的。我们一直在看小学墙上的涂鸦画，有点像咱们国内的画报栏，有图有英文：Practising Islam（信奉伊斯兰教）、Learning for Sustainable Development（学习可持续发展）、Understanding and Managing Self（了解和管理自己）、Living a Healthy Life（健康生活）、Relating to People（和他人交流）、Thinking Critically and Creatively（批判性思维和创造性思维）、Using Technology and the Media（运用科技和媒体）。一路看过去，还碰上了小学里的老师，他送了儿子一顶手工帽子。

岛上的莲雾随处可见，路上碰见当地村里的小姑娘，一定要送给儿子几个莲雾。因为语言不通，交流的过程中，他们夹杂着英文和肢体语言，不时比比画画。儿子把手里刚得的帽子送给了小姑娘，而姑娘则给了儿子一捧莲雾。站在小学门口，儿子久久不愿离去。也许这就是收获，他感受到了这里的文化，了解到世界上还有很多小朋友过着和自己不一样的生活。

日本的几次旅行,也让我们念念不忘。小时候,我最喜欢夏天。夏日有万里无云的蓝天、炙热的阳光,可以酣畅淋漓地出汗,吃到凉丝丝的冰激凌,还有就是长长的暑假。不知从何时起,我开始喜欢秋天。有过秋日里的童话,有过秋日里的爱情,有过秋日里的妖娆。第一次秋日里来到日本,来到京都,每一片半红的枫叶都在告诉我们秋日的来临。

秋高气爽,漫步在京都的街头。左手牵孩子,右手牵老公,也许幸福真的很简单,那就是我们在一起。街上的人不多,偶然看见几个穿和服的人走过,仿佛把我带入了小时候对日本的想象中。头顶乌鸦飞过,听见那嘎嘎的嗓音,又让我想起《聪明的一休》插曲"钟声当当响,乌鸦嘎嘎叫"。当时正好我们在往金阁寺方向走,真有点像不同记忆空间的同频共振。

儿子在秋日的阳光中奔跑,任凭秋风拂面,阵阵爽朗的笑声,在整个寺庙里回荡。来京都之前,我给儿子看过一休的动画片,那承载着我儿时满满的记忆。"那是足利义满将军的家吗?那是一休想办法的地方吗?"一串串问题接踵而至。在金阁寺里坐下来,喝杯抹茶,和儿子细细聊聊关于一休的故事。

对于日本的了解,要从小时候看的动画片说起。一休哥、花仙子、机器猫、圣斗士星矢、樱木花道、樱桃小丸子,这些都是我们从幼儿园到高中的记忆。而看日剧的习惯怕是从《血疑》《阿信》开始的,后来又看《排球女将》,直到丸治和莉香的《东京爱情故事》,让我开始哈日剧。从此,铃木保奈美、织田裕二、木村拓哉、工藤静香成了我大学时代的偶像。读关于日本的书是从渡边淳一的

《失乐园》开始，后来读村上春树的《挪威的森林》，又读大江健三郎的《广岛札记》，虽然写的真的很好，但心中总有说不出的压抑和沉重。直到读《菊与刀》，我心中对日本文化的各种疑惑才有了答案。如今，我们依然能在日本人的衣食住行里感受到他们的细致。

我们从小没有把宇宇当孩子，家里也没有大人的事情小孩子不要插嘴之类的规矩。家里小到每天吃什么、到哪里玩，大到买房、买车，甚至家庭成员之间的各种关系，一直都让他参与其中，决策也会和他商量。以至于他有点像个小大人，在外面也有点"老三老四"，有时候显得没有那么乖巧，特有主见。从京都到富士山的路上，我们一路神侃，似乎儿子都能听懂，这样真好，我们可以像朋友一样聊天了。那一年，宇宇5岁。

旅途中在日本静冈县的沼津市落脚，早上带着儿子在这个小城市一路闲逛。这是一个典型的小城市，没有东京的高楼大厦，只有干净整齐的街道和路边的小居酒屋，还有就是学校。没有景点，没有购物点，就是普通的日本。其实很好，我带着宇宇一路走，一路看，体验真正的日本。

我们边聊天边往前走，看见有学校的路标，就沿着路标走。宇宇看见路旁的大蜘蛛织网，好奇不已。于是我们走走停停，体验日本农村的气息，走了好一会儿，才走到学校门口。这所小学的硬件设施不如国内小学，周末学校里几乎没有人，我带着宇宇一栋教学楼一栋教学楼地看。我们数了数，一共有三栋，教学一栋，室内体育馆一栋，另外一栋教学楼一层也是体育设施，可见日本人对孩子的体育锻炼尤其重视。操场上有几个学生，走近一看，他们正在和体育老师一起踢足球。从娃娃抓起，难怪日本足球还不错，集体体育运动对于培养孩子的团队合作精神起着重要的作用。

出了学校,绕到小公园里,虽然硬件设施一般,但是很干净。草坪上孩子们在奔跑,随意感受着秋日的暖阳。宇宇和几个日本孩子聊了聊,他们的英文很一般,但是脸上都洋溢着幸福的笑容。

也许和我的性格有关,比较随性,不是一个严格意义上的计划者,带娃旅行的要求也很简单,吃住舒适,走到哪里看到哪里,也吃到哪里。一家人在一起,不必打卡所有经典景点,路上的风景其实都很美好。

日本这个国家让我比较震撼的,不是他们经济发达,今天走出去的中国人,即便是到欧美发达国家,也很少会被别的国家的硬件震撼到。哪怕是东京的银座和北京的CBD或者上海的陆家嘴比,其实也相差不大。反而是这个国家国民的素质和文明程度,以及岛国岛民对于资源的珍惜和合理应用的心态让我印象更为深刻。

我告诉宇宇我观察到的这些细节,如公共场所不能大声喧哗,受了他人恩惠要说谢谢,不随手扔垃圾,不随地大小便,同时询问他的感受和想法。回国后,宇宇在这四件事情上有了明显改观。他会刻意地在地铁里放低声音,见人不用我提醒也会主动打招呼,有垃圾会一直拿在手上直到扔到垃圾桶,想要上厕所也会一直忍到洗手间解决——以前忍不住会找隐蔽地方解决。我问他为什么突然有了改变,他说要向日本小朋友学习。

在日本时,我们去了一些景点,比如大阪府、平安神宫、金阁寺和皇居。每次去这些地方时,我们会在前一天把景点的历史变成故事讲给宇宇听,如德川家康、丰臣秀吉、织田信长三英杰在战国时期的故事,日本为什么有天皇等。回来以后,宇宇对于景点记得不是很清楚，但是深深地记住了这些故事。其实这样足矣，这些景点等孩子长大了还可以再去，但这些故事已经在他的大脑中建立了一个浅浅的记忆点，等到有一天一旦触发或重温，就会连接成深刻的有关历史文化的知识网络。

在日本的最后一天，宇宇和当地的小朋友随性玩了一天，算是真正过了一天日本小朋友的生活，这让他印象十分深刻。我也觉得非常有意义，旅行不就是离开我们熟悉的环境，到千里之外，感受不同的风景、生活、风俗、信仰和人文吗？

宇宇 6 岁时，我们一起去冲绳，匆匆逗留几天，不能免俗地去了国际通、万座毛和美丽海水族馆。我们正好住在万座海滩的洲际酒店，那是电影《恋战冲绳》里张国荣和王菲饰演的角色偶遇的地方，随后梁家辉和黎姿饰演的角色也来这里度假，几个人在这个酒店和这个海滩上发生了一连串的故事。

我们发现冲绳控迷恋的不是以那霸为中心的本岛，而是零星散落在更南端海面上的，以宫古列岛和八重山列岛构成的先岛诸岛。日本人对于冲绳的迷恋和向往，以至于每逢夏季便有很多日本人按时到岛上打卡。

冲绳之旅，感受比较复杂。这里没有日本本土的繁华喧闹，但在那些遥远的离岛上，大海不是混沌的深灰，而是近乎无限透明的蓝；夜空里没有明亮的霓虹灯，取而代之的是群星闪耀的银河。游客既能享受五星级酒店的高级私家度假海滩，也能在漂浮着亚热带植物甜腻香味的古老民宿里安然睡去……只有亲自触摸那片海，才能意识到所谓世界尽头，真的存在于宇宙万物之中。

虽然是夏日，冲绳的海水很冰冷，和我们过去在东南亚度假时，在海滩上晒太阳，坐着游艇去潜水的感受完全不一样。我们带了一大箱潜水的设备，居然完全没有用上。我们和雇佣的日本司机也无法交流，写中文字反而比讲英文和比画更有效，真是很有挫败感。

冲绳之旅的尾声，从那霸飞回北京的飞机上，宇宇告诉我："冲绳，我要再去一趟。去石垣岛潜水，去竹富岛住高那旅馆，去波照间岛和日本最南端的大海与群星相遇，在立着日本最西端石碑的与那国岛上体会'面朝大海，便是面朝神明'的意义。"这都是在岛上我们一起读的游记里我们没有去过的地方，下次再陪他一起来，我们决心回去好好学习日语。

冲绳回来后，儿子开始找各种关于冲绳的游记和书。我也带着他追当年大爱的那些日剧，如《五岛医生诊疗所》之类。突然有一天，宇宇很认真地告诉我："妈妈，我不喜欢日本，日本很差，日本人很坏，日本是个很差劲的国家。"我一听，颇为意外，仔细询问后，他才告诉我说："日本以前欺负过我们国家，所以他们很坏。"原来如此，于是我很认真地给孩子讲了抗日这段历史。

历史是不可改变的，日本当年的侵略罪行是不可磨灭的，但否定这个国家现在的文明和繁荣，其实没有必要。好的就要去学习，自己才能更强大。让孩子知道自己是谁，热爱自己的国家，明白自己作为中国人的使命，才是最重要的。铭记历史，而不是心怀仇恨。也许一个人的境界和格局也是从小慢慢培养的吧。

身边不少朋友不爱旅行，更不愿意带上孩子去，因为他们觉得带孩子旅行很累，还有风险，孩子也不太明白旅行中看到的那些风俗人情。可在不同的旅途中，我们经常碰到很多外国父母带着孩子去旅行，从襁褓里的婴儿，到奔跑的小朋友，一家人其乐融融地去体验这个大千世界。其实真的不必事事追求完美，哪怕只是笨拙地体验也好。

想起一部老电影《情归巴黎》里父亲对女儿说的一段话："You are away from here, experiencing new things, getting another view of the world, finding new friends..."翻译成中文，就是："你远渡重洋，见识新事物，体验新生活，结交新的朋友……"也许对于孩子来说更是这样，重要的是离开了熟悉的地方，进入不同的环境，哪怕是气候的不同、时区的不同、货币的不同、人种的不同、文化的不同、语言的不同，每种不同都是一种经历。让孩子知道世界有多大，很多人和我们生活的不一样。而每一种不同都是可以在路上点点滴滴感受到的，带着孩子去观察这个世界，往往比打卡景点更加重要。

在路上遇到的美好，在路上碰到的挫折，和父母一起共度的快乐时光，和陌生人相遇时的微笑，都会成为他们记忆中最美的风景，他们的心胸也会变得更加宽广。

5岁,体验英国夏校

在中国,至少在北京这样的城市,很多人在孩子一出生后,就开始考虑:孩子上什么幼儿园?要不要买个学区房?孩子到底应该是上公立学校,还是上国际学校?孩子学英语还是学编程?学围棋还是学乐高?学舞蹈还是学武术……要不学个乐器吧,大多数好学校里都有乐团,回头可以优先上"占坑班"……这也许是每个妈妈不得不面对的选择。

记得刚刚开始教书时,我就给大学生做学习与人生规划的讲座了。当时的我还小有名气,讲遍大江南北。但轮到自己的孩子和生活,也许是懒,抑或是拖延症候群,我反而没有了规划。知道太多,了解太多,有点选择焦虑。

儿子上小学了,我突然感受到了紧迫感,尤其是面对各种妈妈群。想让孩子掌握更多的技能，又想给孩子一个更宽松的成长环境，只能在纠结中陪着宇宇磕磕绊绊往前走，好在始终坚持尽量陪他多读书，帮助他养成了阅读的习惯。

我们算是比较国际化的家庭。宇宇 5 岁时和爷爷奶奶一起去伦敦的叔叔家住过一段时间。在此之前，堂哥 Lucas 也来北京小住，在北京上过一段时间幼儿园。兄弟俩在不同的国家长大，一起生活也有不少趣事。儿子正好就在堂哥的学校和他一起上夏校，这是孩子自出生以来离开我们时间最长的一次。一共七周的时间，而且离开了亚洲，去到了和我们完全不一样的国度。前两周，儿子基本就是在英国熟悉环境，在叔叔家玩，在伦敦附近游玩。夏校正式上课的第一周，儿子所面对的文化冲击和学习方式的变化，给了我不少启示。

因为学制不一样，5 岁的孩子在中国还在上幼儿园，而在英国已经是小学生了。因此夏校的第一周，宇宇遇到了很多困难。作为班上唯一的中国孩子，宇宇需要接触以前从来没有接触过的一些体育运动，例如网球、高尔夫、板球等。在语言不通和运动也不擅长的情况下，他每天都在艰难度过。

作为父母，我们在国内整整担心了 5 天。他从一开始的自信心崩溃，因为语言和体能不如英国孩子，英国孩子也不怎么和他交流，他总是一个人待在角落里；慢慢到他上学不哭了，每天回来告诉我们，自己有了这样或那样的进步和收获。我们看见了他点点滴滴的成长。

宇宇的第一个进步就是终于可以自己独立吃饭和睡觉了，不需要人喂和哄，这是过去两年我们一直训练他而无法达成的目标，这种转变在英国居然两周内就完成了。

短短的几周,他在待人接物方面也有了很大的长进。放学和老师、同学分开时,他会主动说"bye bye(再见)";过马路时,遇到司机停车谦让行人,他会向司机挥手道谢,说"thank you(谢谢你)";不得已从人群中挤过去,他也会主动说"excuse me(打扰一下)"。虽然在公众场合有时还是会忍不住大声说话,但是经爷爷奶奶提醒后,他也会有意识地放低声音……也许这些都是特别小的细节,然而这些进步,让我觉得非常难能可贵。除此以外,宇宇还完成了人生中的第一次爬树和玩泥巴,这也是我们小时候习以为常的童年活动。

我问宇宇:"英国的小朋友和中国的有什么不一样呢?"

"嗯,他们更开心、更自信一些。"他想了想,慢慢回答说。

我一听,愣住了。他提到的这一点,我之前去英国出差的时候,也有同感。

宇宇在国内是老师和同学眼中的学霸,从小认字多、爱读书,在幼儿园喜欢发言,几乎和学习相关的事情,他都非常拿手。他的读书习惯是从小一点点养成的。但是,不知道从哪天起,他对于学习这件事有了小小的功利心,开始争强好胜,有了一点点进步就想得到表扬和肯定,甚至认为好好学习才是保障未来幸福生活的唯一途径。

可是我接触到的英国孩子对于学习却有着完全不同的认知和追求,他们会更加看重学习本身这件事情,认为学习就是自己的事情,对于学习有更强的自我驱动力,而不是把学习作为博取赞扬或者谋生的手段。

后来和宇宇细细聊起，才知道他有这个想法是因为上夏校的时候，所有的孩子都需要朗读牛津阅读树分级读物。英国的孩子不一定会比宇宇读得好，单词量也未必比他多多少，但是，英国孩子从骨子里展现出来的无邪、自信和童真，确实自带气场和光环。孩子是敏感的，虽然他并不一定非常清楚这种不同在哪里，但还是很明确地感受到自己和对方的不一样。其实造成这种不同的原因，更多的来自父母、家庭和整个社会，是我们在无形之中施加给了孩子太多的压力。

听着宇宇絮絮说着在英国的经历，我心里隐隐有些难过，也更坚定了藏在心里的一个念头。

宇宇在英国这段时间的生活和学习，最大的收获并不是他英语水平的提高，而是他开始能够独立地在一个全然陌生的国家里，学习和不同文化背景的新朋友交流，学习在新的环境里生存和适应，学习忍受和自我消解由于文化差异带来的孤独感。我想这和我们带孩子出国游玩是不一样的，孩子需要的是体验不同的文化，真实地感受其中的差异，而不是走马观花地到此一游。

有很多父母都会想要送孩子出国，大家有没有想过出国留学到底意味着什么？是多学知识吗？在我看来并不是这样，更多的是增长见识，增加胆识，体验不同的文化，感受不同的价值观，结交新的朋友，学会用多元的视角去看待世界和处理不同理念带来的碰撞，这才是我们带孩子游览世界的目的，也是出国留学能给孩子带来的最好的礼物吧。

纽村是孩子的天堂

每个妈妈都觉得自己的孩子最棒,但是教育的本质到底是填满求知欲的一桶水,还是点燃好奇心的一把火?学习,是严格管束下的亦步亦趋,还是顺乎天性的多元生长?其实我没有答案。

我有一个好朋友在北大英文系当教授,他是剑桥大学的博士,我们谈起了南半球的慢生活,他说过这样一段话:"如果有一天我的孩子在咖啡店里工作,日常工作就是冲咖啡,他也可以有权利过着幸福的生活,下班去健身房健身,回家陪伴孩子和读书,而不被人鄙视。"原来超级学霸当爸爸不一定想把孩子培养成学霸。其实,我可以理解,人生有了更多的选择和可能性,不一定是那个最成功的就最幸福。

在纽村的生活让我渐渐明白一个道理,不是上哈佛的孩子才是最成功的孩子。人生是一场马拉松，终身学习的能力，内心的强大和淡定，才有可能让孩子最终胜出。我曾在海边小酒馆门口的海报上看到纽村孩子的涂鸦，"When I grow up, I want to be doctor lawyer engineer HAPPY!"（我长大以后不要当医生、律师或工程师，我要快乐！）

由于工作的原因，我走访过美国、英国、新加坡以及澳大利亚的不少学校，大多都是世界顶尖的学府。国内很多城市的中小学和大学，我更是非常了解。不一样的是，这次是给自己的孩子选学校。

来到新西兰以后，出于自己的职业习惯，我开始做功课，找资料，实地去考察。我想按照自己的经验去揣测新西兰的标准，孩子的学习成绩、标准化考试分数和软实力将构成未来申请欧美名校的几大核心要素。但当我认真研究了新西兰的 Decile 排名（Decile 评分，评分制为 1—10 分，经常会作为家长选择学校，甚至选择在哪里买房的重要依据。）、IB（IB 课程即国际文凭组织 IBO, International Baccalaureate Organization 的简称，是为全球学生开设从幼儿园到大学预科的课程。）、CIE（Cambridge International Examinations 的简称，隶属于剑桥大学，主要为国际学生提供考试，覆盖全球 160 多个国家。）、NCEA（新西兰高考，National Certificate of Educational Achievement 的简称）等不同体系，还有私校、公校和教会学校后，我总结下来，发现新西兰好学校的申请标准就是没有标准。孩子必须是真的优秀，而且学习成绩只是其中很小的因素，孩子的品格、体育锻炼、动手能力和家庭环境等各类因素都会被考察到。

我在纽村的家正好在双校网学区，我们会纠结于到底是花大钱上私校,还是注重学习考公校天才班,抑或是考教会学校——需要有宗教信仰。全世界的华人都注重孩子的学习成绩,"爬藤"是我们亚洲家长圈里的热词,似乎白人家长并不关注。新西兰人则常常说他们甘于成为 second best(次优)。

有一次,参观一所男校时,刚好遇上学校开放日,我们去看学校设施的同时,跟校长也聊了聊。我就习惯性地想知道这所学校的孩子考上名校的比例是多少,有多少人考上了美国和英国的顶级名校。

校长对我说:"我们每年没有刻意统计考上名校的比例,学校更注重的是培养孩子的品格和行为,致力于培养真正的绅士。"这些道理我何尝不知,只是到了自己孩子,还是忍不住会用这些功利的指标衡量。虽然道理我们都懂,但是在现实中,我们仍然把太多的时间和精力花在了术的精深上,而忽略了道的广博。

在宇宇北京学校附近路段,送他上学的时候,经常能看见从豪车上下来的小孩。路上常常一辆豪车突然停了下来,不打双闪,也没有任何示意,过了好一会儿,孩子才从车里拖拖拉拉地下来。就这点时间,车后面已经排起长队,一辆、两辆、三辆……不断有孩子从车上下来,也有着急的家长开始此起彼伏按响喇叭,路上乱成一锅粥。这是生活中很小的一件事情,但显然很多停车的家长没有考虑到他突然停车,会给后面的人带来什么不便,会对整条街的交通带来什么影响,当时他们只考虑到了自己的便利。

一个能够开豪车的人,在大众的眼中应该是一个相对成功的人,但为什么一个成功的人却不太注重个人的行为呢?这里固然有停车位设置不当的客观因素,但与父母在教育过程中更加注重功利层面，而不太注意为他人着想有很大的关系。这些事情背后隐藏了什么呢？问题出在哪里？我泱泱大国五千年历史的礼仪之邦，为什么会屡屡出现类似事件呢？是中西方文化、认知、法律的差异吗？不，在我看来，就是教育的问题。如果父母在教育孩子时对制度、规则、法律意识比较漠视，培养出来的孩子对于这些就会没有敬畏心。

因此，当我们开始全方位使用全球最优质的教育资源时，我们更应该从小培养孩子的为人之道，对于社会良知和法律法规的敬畏之心。否则，我们将来会培养出一批批有才有钱，但是没有教养的所谓"高才生"。

在德国生活的好友叶子曾聊到，德国的教育水平较高，特别是它的职业教育和素质教育更是闻名世界。但德国非常不提倡孩子上小学前，进行所谓的学前知识灌输。在幼儿园，孩子们主要学习实践乘坐公共交通、遵守交通规则、在公共场合小声讲话、垃圾分类等这些日常生活技能。学前教育更多注重孩子的性格、品德培养，很多好习惯也是在上学前慢慢建立的。

德国的小学生输在了起跑线上吗？当我每次看到儿子出门慢，袜子常常穿反，扣子经常扣错，我不禁反思。不是我不知道这些道理，而是在平时的生活中没有践行到位，在思想上没有真正重视，在行动上就容易轻视。在有些父母看来，小孩子迟到似乎是天经地义，可以被原谅的。甚至有不少人认为这些生活细节无关紧要，孩子长大后自然就会变好的。其实不然，这些构成一个人教养的方方面面，恰恰就需要在孩子小时候，一点点地学习，慢慢地养成。

关于迟到，在儿子上学前，我们不以为然。他方方面面都比较慢，吃饭慢，穿衣慢，导致出门慢，经常迟到。儿子自己也不觉得这是个问题。直到有一次的迟到事件，让我们都羞愧不已。

儿子每周去学大提琴，大提琴老师是一位青年大提琴家，也是一位非常耐心的好老师。儿子早上不愿意起床，每周去老师家学琴，他总要迟到那么一会儿。夏日的一个上午，儿子又迟到了。我想干脆给他换个时间，晚半个小时上课。结果老师拒绝了，他给我发了一段话，"11:00 也未必能准时，尽量 10:30 吧（迟到一会儿可以），从小慢慢养成良好的职业习惯，学古典音乐最重要的目的之一就是学习时间艺术和精准把控时间的能力。"

这次以后，我给儿子提出要求，任何事情，按照约定的时间，提早五分钟到。儿子也有这个意愿，但在落实的时候，真的困难。要早一点点起床，要穿好衣服，收好书包，把大提琴准备好，一次做到了，第二次又迟到了，反反复复。习惯的建立至少需要 21 天，巩固也至少要 3 个月，完全做到估计需要半年到一年，这就是刻意练习的道理。

朋友的孩子 Hewei 在英国学习弹奏贝斯，贝斯的体积比大提琴还大。每天早上听见闹钟响了，Hewei 起床，闭着眼睛刷牙、穿衣、收拾书包，背起书包，拖着贝斯出门。朋友感叹道："孩子不容易啊。"其实这就是我们培养孩子最重要的点点滴滴，这些好习惯的养成，会让孩子终身受益。

德国的小学生没有什么功课负担，孩子们只上半天课，上午上课，下午可以根据自己的爱好，选择学习钢琴、绘画、手工和体育等有关素质修养的兴趣课程。德国父母认为，太早强行教授孩子知识，他们最后只会变成背书和读书的机器，而不具有创造力与独立性的人格。

在德国很少有孩子不愿意上学,因为在学校里轻松自在,又有很多小朋友一起玩耍。但是在国内,大家都怕孩子输在起跑线上。越来越多的小朋友在上幼儿园时就学拼音、学英语、学数学、学诗歌、学朗诵、学绘画、学舞蹈……在此我们不评论到底是不是应该培养孩子的童子功,我们应该反思的是,我们培养孩子的兴趣是为了给孩子升学增加筹码,而不是孩子真的发自内心的喜欢。如果孩子有兴趣,其实他长大以后照样可以去学习。只是作为一种兴趣来培养的话,任何时候去学都不会晚。

叶子在德国生活中观察与体会到,大多数德国孩子对于运动非常热爱并且投入大量的业余时间和精力。下午或业余时间每个孩子都参加一项或多项运动,家庭也经常在周末去户外爬山、野营和做水上运动等。男孩子对足球的偏爱特别凸显他们的民族自豪感与自信心。叶子的女儿们从小就参加各类运动项目,还特别热衷于户外与团队合作项目,就连叶子都羡慕她们儿童时期能拥有这类丰富的体验。这与整个环境氛围和家长的支持与坚持息息相关。叶子坚信强壮的体魄加上健康的身体会和高尚的灵魂同步前进。

与兴趣爱好相比,叶子更加希望自己的孩子能够做一个善良的人。她认为,在孩子小的时候,对孩子性格与良好习惯的培养是她们家的育儿重点。

德国是一个务实的民族,他们会花 200 欧去买一个保温壶,而不是一个香奈儿钱包;他们会花 500 欧去买一个厨房用具,而不是一个爱马仕的包包……他们知道真正的奢侈品是自己的生活品质。在德国超市里买到的每一个鸡蛋上面都会有一个标号,人们通过这个标号可以了解到生下这个鸡蛋的母鸡的生长环境。礼貌和谦让已经成为人们普遍的一种意识，路上永远是车让行人，不是行人让车。即使发生堵车，也不会听到喇叭一直响。

德国社会何以如此文明，德国人在全球何以受到普遍的尊重？通过和叶子聊天，我似乎找到了部分答案。德国这种严谨和勤奋的民族性格，得益于对教育的重视。德国父母会告诉孩子，要遵守约定，不能轻易许诺，答应过别人的事情，要在规定的时间内做到。所以他们从不轻易承诺，但只要许下诺言，就一定会做到。大多数人都能遵守时间，就连公共交通也不例外。在没有意外的情况下，每辆地铁、公交车都能按照时刻表的时间准时到达车站。人们十分遵守交通规则，尤其是司机，因为这关乎自己和他人的生命安全。

很多德国家庭会养小动物，让孩子在照料小动物的过程中，懂得体贴入微地照顾弱小生命。孩子摔倒后，只要不是很严重，父母也不会马上去帮忙，而是让他们学会自己站起来。德国父母还很注重培养孩子的自理能力、规则意识，他们不会在未经过孩子同意时去翻阅孩子的东西，身体力行地告诉孩子要尊重别人的隐私。基本的礼貌更是在日常生活中习得，父母在寻求孩子帮忙时会说 bitte（请），之后会说 danke（谢谢）。

德国父母还教会孩子承担自己的责任。如果孩子因为早上不想起床而快要迟到，他们不会因为赶时间而开车送孩子去学校，而是让孩子选择放弃吃早餐，自己承担后果。

也许在我们看来，德国父母太过严厉，甚至是有些古板，但实际上他们也非常重视对孩子的自信培养。哪怕是一点点的进步，父母都会给孩子很多的鼓励和赞赏，他们绝不以成绩的好坏去否认孩子在其他方面的优秀。

想起马丁·路德·金的一句话："一个国家的繁荣,不取决于它的国库之殷实,不取决于它的城堡之坚固,也不取决于它的公共设施之华丽;而取决于它的公民的文明素养,即在于人民所受的教育、人民的远见卓识和品格的高下。这才是真正的利害所在,真正的力量所在。"

孩子将来能成为什么样的人,一半在自己,一半在父母。人生的际遇微妙,我们且行且看。但更重要的是培养孩子良好的行为和习惯,为他的一生打好基础,帮助孩子学会在平凡的生活中寻找快乐。

我们必须要承认,我们不能保证孩子未来伟大,绝大多数孩子将来不可避免会成为一个普通人。但和而不群才是我们的方向,无论他们将来从事什么样的工作,遇到什么样的朋友和爱人,我们都希望他们能够做自己喜欢的事情,能够成为一个有教养的人,拥有快乐幸福的人生。

孩子的教养是植入骨髓的高贵,是危急时刻的镇定,是对社会乃至人类的关怀。所以,从生活中最不起眼的小事开始,让我们的孩子学会思考、选择,对制度、规则、法律意识充满敬畏,拥有信念和自由。

第四章
Chapter 4

孩子是自己生命的主角

每个孩子都有自己的想法，我们的梦想不一定是孩子的梦想，我们的愿望也不一定是孩子的愿望。每个人都是独一无二的个体，适合别人的，不一定就适合自己。每个人的人生经历都只有一次，让孩子做自己生命的主角吧。

积累小成就,增强自信心

孩子的自我认知会随着他的成长而不断地迭代。当进入幼儿园那一刻起,孩子就面临着新的挑战:如何在一个有他人的坐标系里找准自我,而不仅仅是清楚自我的感觉。孩子从单独的个体进入到集体的一员,也就意味着他的自我认知开始被他人所影响。如何在多元的世界里既守住初心,又不断进步,才是自我认知进一步完善的要义。

教育心理学中有一个非常著名的实验——"双生子爬梯"。在实验中,一对各方面条件都非常相似的双胞胎,分别在出生后第48周和第53周开始学习爬楼梯。令人吃惊的是,前者历经无数次的跌倒、哭闹、爬起之后,花了7周的时间,终于在出生后第54周能够独立爬楼梯了;而后者,在同样的训练强度和内容下,只用了两周的时间，经历更少的挫折，同样在第 54 周学会了这一技能，并且爬得更快、更稳。

一开始，设计这项实验的心理学家阿诺德·格塞尔认为这或许只是偶然现象。后来，他找了上百对双胞胎进行了试验，结果发现，无论是双胞胎的人种，还是性别等，都不会影响这个实验的结果——晚一点训练，学习爬楼梯的效果会更好、更快。

之后，格塞尔又对其他年龄段的孩子在不同领域的学习项目做了实验。不管是识字、算术，还是穿衣服、社交，起步早并不意味着效果会更好。于是，格塞尔提出，个体的发展取决于成熟，也就是说，如果孩子学东西很慢，那多半是因为开始得太早。

很多父母都信奉"不能输在起跑线上"，但是，过早地学习很可能丢了西瓜捡了芝麻，不利于孩子形成良性的自我认知。心理学研究证明，成功人士往往自儿童时期就显示出了较高的自尊水平；而低自尊很有可能让孩子形成"我就是比大家差"的自我认识。更可怕的是，一旦形成这种认识，就很难改变。

所以，我始终认为，自信心是第一位的。一味追求提前学习知识，如果牺牲的是关系到孩子一生的自尊心，那肯定是得不偿失的。多少年后，当父母抱怨孩子不爱学习的时候，是否想过没有孩子天生抗拒学习，只有当孩子把学习作为产生挫败感的来源时，他才会有逃避的念头。

拿我自己举例吧，我从小就很喜欢英文，表达能力强，好为人师，这可能是家族遗传、耳濡目染的缘故。可是妈妈却语重心长地嘱咐我："我们全家都是学英文，当老师的，你长大了就别干这行了，学点商科，好找工作。"我一路兜兜转转，中学学理科，大学读工科,研究生念商科,中间几次辗转换专业,但谁能料到,走到现在,最终还是靠英文吃饭,居然阴差阳错地当上了英语老师。我有时候会想,如果我小时候能够把眼光放长远一点,意志能够再坚定一点,自己决定自己人生的方向,一直都走在自己最擅长的道路上,现在的我是不是可以在这条路上走得更远呢?

有了自己的前车之鉴,在孩子的教育问题上,从儿子很小的时候起,任何他的事情,我都和他商量讨论,尊重他的意见。同时我非常注重培养他的自信心,让他在学习上产生自豪感,也就是心理学上的所谓"自我效能感",这对孩子学习的热情和主动性至关重要。譬如我会给他买很多书,别的小孩子看动物,可能认识长颈鹿、大象之类,而他却知道犰狳、山魈这些,而且中英文双语都能说出这些动物的名字时,他的内心就会很有成就感。

两岁以后,我在散步时会有意识地教他认字,一来二去,有些简单的书,他居然也可以自主阅读了。当时这件事,可是让我的家人和朋友们都吃惊不已,"哇!这么小的孩子就能看书了!"我们肯定的态度,让他清楚地感觉到认字很棒、看书很棒、自己很棒,自然没事便捧本书津津有味地看起来。同时,他也觉得自己是个很厉害的小孩子,经常开玩笑说自己是天才的脑袋瓜子。在我看来,自信心是孩子成功的基石。

在孩子成长的过程中,设计一些他们踮踮脚就能够到的小目标,一点一滴地累积进步,用赞美和肯定让孩子意识到自己的成长,帮助孩子建立成就感,是"一石二鸟"的好方法。好的教育方法,不是让他们做你认为值得的事情,而是做他们可以做的事情。正如几年前我听过的一个演讲提到:"教育的目的不是学会知识,而是习得一种思维方式——在烦琐无聊的生活中，时刻保持清醒的自我意识，不是'我'被杂乱、无意识的生活拖着走，而是生活由'我'掌控。"

可怕的两岁

我们处于一个习惯论输赢的时代。婴儿时期的体重和身高，孩童时期的成绩和特长，就读大学的档次排名，毕业之后的收入和房子面积……很多人习惯了用数据去定义自己和他人的人生成败，在孩子的教育上自然也不例外。但是，用数据跑赢的人生，注定稳胜吗？

宾夕法尼亚大学一位研究青少年行为和心理健康的教授说："我们必须要停止用孩子在18岁时的成就来定义成功，比如说像'爬藤'、进好的大学，这种思维会毁了孩子在他们二三十、四五十岁成功的能力。要是你把成功定义为上哈佛，那你就把孩子的成长过程打造成了上名校的大学申请履历表的过程；要是你把成功定义为孩子在35岁会成为什么样的人，你就会思考35岁成年人的成功需具备哪些素质。"

相信没有人只打算让孩子赢在某时某刻，拥有幸福美满的一生是天下父母对子女的共同心愿。而想达成这一目标，单纯盯牢能以各种数据去考核的素养是远远不够的，我们最应该做的是帮助孩子自我认知、自我管理和自我要求。

唯有自我驱动，我们的孩子才有可能在人生这场漫长的马拉松中以出色的成绩跑完全程。抛开世俗标准不谈，能够正确自我认知的孩子，也更容易收获内心的安宁和满足。

无独有偶，我在英国出差时去过布莱顿公学。学校一贯主张的教学精神是："If I try to be him, who will become me?"这句话的意思是："如果我去做别人，那么谁来成为我呢？"每个人都有独一无二的个性和与众不同的才能，所有人都应该穷尽毕生之力去做自己，做最好的自己。

回到孩子教育问题上，作为父母，我们的目标是让孩子做最好的自己，而不是最好的别人。那么，到底什么是自己，什么是最好呢？

一个孩子，从小到大做的事情，多少是自己想做的，多少是别人要求的？有多少事情是觉得别人都是这样做，于是自己也这样去做？要做一个好人，是为了别人，还是为了自己？对于好的定义，有多少是来自于书本和别人，又有多少是来自于自己呢？

无论是以前给学生做讲座，还是现在给老师做培训，总有人让我给他们设计人生：

"老师，你觉得这个职业适合我吗？"

"老师，你觉得对我来说，读博更好，还是工作更好？"

"老师,你觉得我应不应该出国念书?"

……

每次有人来问这样的问题,我心中都有说不出的难过,他们难道不应该更清楚自己想要怎样的人生吗?遗憾的是,只有很少的人真的知道自己是谁,自己想要什么。所以网络上流行那么多星座分析和心理测评,有那么多人在人生的重大选择上随大流。在离开学校,失去了可测量的硬性标准之后,会有那么多年轻人迷茫到找不准前进的方向——因为缺乏清晰的自我认知,所以很难形成真实和成熟的自我。

我自己当妈妈了,面对孩子的理想、选择,我应该怎么做呢?我和儿子曾经很严肃地讨论过这个问题。虽然儿子的理想离我对他的期望相去甚远,我也有些失落,但我会尊重他。任何时候,我都告诫自己要尊重孩子,不要替孩子拿主意,但是我们可以共同分析,帮助孩子做决策和判断。

古希腊德尔菲神庙里赫然写着:人啊,认识你自己。先哲苏格拉底更是将此话引为一生的座右铭。其实,我们早在呱呱坠地那一刻,就开始了自我发现之旅。第一次吃手,第一次说话,第一次站起来,第一次走路……对身体的探索,是婴儿尚在懵懂之中踏出的自我认知的第一步,之后慢慢过渡到情绪、性别。我们常说的Terrible Two,则是自我认知的第一次大爆发。

提起这个词,不少妈妈们都挠头,这可是令人闻之色变的"可怕的两岁"!这个阶段的孩子,对父母的一切要求都说"不",经常无理由地哭闹,而且听不进父母的任何劝说。因为两岁左右的孩子开始学习独立认识问题,慢慢形成自己的观点,并希望按照自己的方式行事。同时,身体和动作的发育又令他们拥有了表示反抗、自由处事的能力。这种自己说了算的快感,喜悦而新鲜,他们自然愿意一次次地反抗父母的意思。

据说,国外的妈妈们如果迎来了这一天,会高兴地跳起来。她们很骄傲孩子终于有了自我意识,而这种能力将伴随孩子一生。所以,哪有什么 Terrible Two,只有新的功课等待我们和孩子一起完成。

孩子的自我觉醒,可以体会到生而为人的快乐,可以争取到对自己人生的控制,同样,他们也会感受到痛苦、愤怒和悲伤,经历不合心意的挫败。如何帮助孩子更好地认识自己、接纳自己呢?最直接的方式就是聊天。我们可以用提问、提示等方式,引导孩子梳理自己的状态,比如:

"你哭了,是因为现在还不想睡觉吗?

"爸爸碰倒了你的积木,所以你不高兴了,对吗?

"你想玩小伙伴的滑板车,但是他拒绝了你,让你很失落,妈妈理解。

"这首歌你唱了一半,后面的不记得了,感觉有点挫败,这很正常,没关系。

"你不想练琴,是因为不喜欢钢琴老师,还是因为不喜欢弹琴呢?"

……

这些很家常的对话,可以在潜移默化中让孩子更加清楚自己的感受和想法,清晰自己的好恶和选择,明白自己到底想要什么,久而久之,他们也会获得更明晰的自我认知。

放手,接纳孩子的选择

完整的自我认知,不只是清楚自己的现状,还应该清楚自己的期许,对自己未来的努力方向和目标,都要心里有数。因为这是一个终身学习的时代,成长没有终点,那么,自我塑造也是一个永不停止的过程。

自我认知是教育的精髓,能够点燃孩子心中的理想和激情,引导孩子找到毕生的内驱力,激发出孩子无穷的快乐和潜力。当然,这也是一个"静等花开"的漫长过程。在和宇宇相处的过程中,我有以下几个感受和大家分享:

第一,一定要留白。给孩子一点闲暇,让他有机会探索自己的内心。"忙得没空思考人生",真的不是一句调侃的玩笑。现在有多少孩子的日程表,从早到晚被排得满满当当,网上称为"窒息式学习"，意思就是安排好孩子的每一分钟。但是，这样一来，孩子只能被动接受，根本没有时间去思考、反刍，没有时间去试错、走弯路，更没有时间去发现自我、挖掘自我。

宇宇现在业余时间学习钢琴和大提琴，虽然是兴趣爱好，但是需要投入大量的时间，所以我就会把科学、数学相关补习往后排一排，准备过一两年再开始。如果你问我希不希望他学习学科知识呢？当然希望，但是，我更不想他因为某个科目的学习，而牺牲了自我探索的可能。孩子成长中有一点很重要，就是一定要有闲暇时间去逐渐建立健康的自我认知——发现自己的兴趣、爱好、特长和激情，了解自己的优势和劣势是什么。

第二，要有耐心，尊重孩子的选择，相信孩子的能力，允许孩子在一定范围内试错。我们不仅要肯定成绩，更重要的是，要接受甚至赞赏错误。因为自我认知对成人而言都不是一件容易的事情，就像在迷宫中摸索，需要试过几个甚至多个错的选项之后，才能慢慢找准适合自己的方向。这一点我自己目前做得也并不是很好，也在不断探索的过程中。

你我皆不完美，我们都会犯错，更何况是孩子。允许孩子犯错，其实也是在向孩子传递一条意义非常深远的人生信条——人生，就是要永无休止地奋斗。你可能会遇到挫折、困难，甚至根本就走错了路。但是没有关系，这是你的人生，也是通向更好的自己的必由之路。

自我正是不断地在升级中碰撞产生的。人要终身跟那些很强的东西、很可怕的东西和水准很高的东西相碰撞，然后才知道自己是什么。我期待儿子能够面向未来做自己喜欢的事，做对世界有价值的事，并且持续地、越来越好地做下去。

身处一个充满变数的时代，面对我完全无法预知的不确定性，能够给他的最好礼物，就是让他可以一直清楚地知道自己做的事情是值得的，自己总是可以做得更好，并且内心对于这一点无比笃定。我相信，这不仅是我们这个时代健康的自我认知，也是他们面向未来的良好姿态。

我们对世界的认知完全是按照我们生活的经验和体会来形成的。而我们的孩子成长在完全不一样的年代，他们看待和评价这个世界的角度和我们完全不同。最近在一本书中看到一个故事，有一个 iPad 上的卡片配对游戏很受一位 2 岁小朋友的欢迎，一位教授把一些同样的纸质卡片给孩子，想看看她不用 iPad 是不是也能玩得开心。结果，这个小朋友一直用手摁着卡片，她想要拖动卡片，想像在 iPad 上那样与卡片有互动，结果这个纸质的卡片却一直都不动，孩子就非常生气地走了。智能时代的孩子对世界的认知，应该由他们自己去探索和体验，让他们通过体验去形成自己的观点。他们的需求和感受与父母有巨大的差异，所以，"我吃过的盐比你吃过的饭还多"这种想法已经过时了。

当我们放开手让孩子拥有主动权的时候，你会吃惊地发现他们自己会逐渐形成更多崭新的观点。因为我们和孩子所处时代的不同，随着他们慢慢长大，成为一个独立的个体，有时候，我们跟着孩子反而能学习到更多。当我们去听交响乐的时候，儿子会给我科普乐理知识；当我自己在听音乐时，儿子会总结出我喜欢听的曲风，并讲述曲子所表达的情绪。我们都爱读书，有时候会共读一本书。我不太爱读军事、体育和中国历史，但这些恰恰是儿子喜欢的领域。听他从先秦讲到民国，从古代战争讲到现代兵器，从西甲讲到国足。促使我也会下意识地去读我不擅长的领域，拓宽自己的知识面，和儿子有更多的交流。

看见孩子的愿望

我曾经看过一个关于人生规划的随机调查,结果引人深思:四分之一的学生走一步,看一步,没有任何短期或长期的打算;四分之一的学生有较为长期的打算,集中在读研、出国和就业等方面;其余一半的学生有短期的打算,集中在学习、打工、社会实践等方面。

从上面的结果可以看到,不少学生把高考当成了自己的终极目标,以为进了大学后就可以停止人生的追求,从而失去了努力的方向。考入名校是大多数父母对孩子的期待,但是,大学仅仅是人生的阶段之一,如果我们的孩子走过这一步之后就不知道何去何从,即使他进入的是常青藤名校,也很难称得上我们的教育取得了成功。

作为"80后""90后"父母,这一代独生子女的生活自理能力普遍偏弱。一方面，因为父母和家里的老人习惯于包办家务，孩子缺少动手做家务的机会；另一方面，孩子在学校的学习压力也很大，比如说上高中的孩子，基本上一家人都在给孩子做后勤保障。为了给孩子创造学习环境，父母连电视也不看，全家所有人的活动都围绕着孩子。

父母认为让孩子去做家务事，简直就是浪费时间。在这种观念下，与孩子会不会做家务，有没有生活自理能力相比较，孩子是不是听话，能不能考上北大、清华显然更加重要。于是，孩子在父母的强压下，没有选择的权利，逐渐失去了真实的自己，父母也因此被束缚。在这样的家庭中成长起来的孩子，不仅缺少生活自理能力，更重要的是，他也根本不了解自己。好的教育一定是能帮助孩子看到自己，并且他愿意为成为更好的自己付出持之以恒的努力。自我规划——这种学校从不明确考核的品质，其实是影响孩子一生的关键能力。

在欧洲，芬兰是教育质量最好的国家。尽管7—15岁的芬兰孩子平均每周上课时间比欧洲同龄孩子要少1.5个小时，但是，他们在PISA（国际学生评估项目。Organization for Economic Co-operation and Development：经济合作与发展组织，进行的15岁学生阅读、数学、科学能力评价研究项目。）中的表现反而更为出色。2009年，芬兰在PISA测试中取得了科学排名世界第二、阅读排名世界第三和数学排名世界第六的优异成绩；2012年，芬兰在这三项的排名分别为第十二、第五和第六；2015、2018年，芬兰在这三项的排名也仍然领先于大多数西方国家。

芬兰教育的与众不同之处在哪里呢？芬兰教育的首要目的是

让学生自己学会学习，找到属于自己的学习节奏。学校不仅教授数学、语文和历史，也教孩子们织毛衣，做衣服，使用木材、金属、皮革制作物品，整理，清洁，做饭，画水彩，弹奏乐器……每个孩子都在知识的海洋里自由、独立地探索，发现自己的兴趣，然后用漫长的时间为之付出。

中国传统教育理念下，我们培养孩子时更多考虑的是自己的期待，而不是孩子的梦想。很多中国父母希望通过教育改变孩子的命运，而不是由兴趣引发更持久的学习动力，希望孩子成功，而不是成长。

对于一个没有明确目标的人来说，如何做选择真是一个天大的难题。对于一个还不太确定自己未来兴趣的孩子来说，大人如何去为他做选择其实也很难。

4岁时，宇宇还在上幼儿园，一天老师发来微信说，某剧组到幼儿园选小演员，宇宇通过了初试，让周末带着去试镜。听到这个消息，我又惊又喜，孩子过早承担这样的工作，怕会影响他成长。和家人商量后，大家说让孩子去体验一下，就当是个经历了。

周末，我们带着孩子去北影附近的一个影视基地试镜。一去发现好多孩子在排队，父母们说选拔会有两轮，第一轮是自我介绍和才艺展示，第二轮是面试。我开始填写表格，填到特长这一栏时，我心里想，4岁的孩子有什么特长呢？钢琴刚刚开始弹，武术刚刚开始练，都属于兴趣培养，没有可以呈现的特长啊，只有空下不填。站在试镜房间的门口，看见一个个孩子背诵自我介绍，还在准备各种才艺展示；看见一个个父母脸上殷切的表情，压力似乎扑面而来。

我开始想，宇宇能有什么才艺展示，能怎么做自我介绍呢？我找了一张桌子，习惯性地拿出一个本子，摆出了在单位教雅思口语的架势，开始给宇宇写自我介绍。瞬间，我觉得自己也成了众多望子成龙的父母之一。写了半天，我想一句一句教给他，他听了说："妈妈，你这个太长了。我就说我的名字和几岁，说说我最喜欢吃的东西。"他倒是一点不怯场。才艺表演他想唱首英文歌，我让他唱个有难度的，结果他就想唱个简单的。我的传统父母的那一面和我的理性在斗争，最终还是按照孩子的想法来做。

在自我介绍和才艺展示环节，宇宇表现得特别自信和自然。我暗暗告诉自己，孩子还不错，不用我瞎操心。到了面试环节，面试官问宇宇："你有没有兴趣爱好？"宇宇说："我喜欢看书。"面试官略带不屑地说："看书是个什么爱好？你模仿个动画片人物吧。比如灰太狼。"宇宇说："我平时看天线宝宝，不会表演灰太狼。"面试官马上问我们："你们将来希望孩子往影视方面发展吗？希望孩子成为小童星吗？""不希望，但如果可以参与一些拍摄也挺好。"我答道。

出来以后，无数父母来问我们老师问的什么问题呀，你们怎么回答的呀，等等。这让我想起了有些出国留学的同学在准备考试时的机经，心中不由一阵悲凉。我默默告诫自己，坚持读书，坚持陪孩子把一些有兴趣的事情做好、做扎实，总会有一天他可以把自己的长处表现出来，但也许不是现在。

其实，过程导向的努力比结果导向的努力能带来更多意想不到的收获。我们过于看重孩子知识的掌握而不是能力的提升。殊不知，教育的本质就是忘记课堂讲授的知识之后沉淀的东西。

从小到大,儿子的理想改变过很多次,每次都是他自己的选择。我尊重他,和他一起谈心、一起讨论、一起决策,我尽量不摆出父母的权威,耐心倾听他的理想,在很多方面也会向他学习,这一点让他充满了自信。虽然他只是一个孩子,但是,让孩子自己选择,帮助他看到未来,是无比重要的。

虽然有的时候,小孩子的目标显然是不切实际的。有的小朋友非常喜欢天文地理,就说要当宇航员,要当天文学家。我们知道,要想成为宇航员、天文学家有多么难,但是,让孩子拥有美丽的梦想,又何尝不可呢?随着孩子逐渐长大,他一定会慢慢找到适合自己的目标。

宇宇和他的同学有一次发言时,表达了这样的观点,"大人,请停止年龄歧视,小孩的大胆想象拓宽了可能性的疆界;大人应该了解并认真对待孩子的愿望,大人需要倾听、信任,对孩子怀有更高的期望,并向孩子学习。"

希望爸爸妈妈们能看见自己孩子的愿望。

让孩子自己做主

我们能让孩子有个野蛮生长的童年吗?我能做到吗?我希望宇宇健康第一,开心第二,知识第三。

现在大部分的父母,除了要应付学校的每日要求,业余时间更是被各种课外班的接送占满了。孩子没有任何娱乐时间,家长也是疲于奔命。扪心自问,这真的是我们和孩子想要的生活吗?

我们需要给自己的生活做一点减法,孩子能有自己疯玩瞎闹的时刻,有时间享受和自己对话,和院子里的树木花草、石头、蚂蚁对话。我们也可以偶尔偷个懒,做点自己喜欢的事,皆大欢喜。温馨的家里飘出欢乐的笑声,这才是家庭给予人的最大慰藉,也是我们日后回忆里最温暖的时刻。

很多人都是看蔡志忠的漫画长大的。蔡志忠曾经表示,他之所以能成为一名漫画家，最需要感谢的就是他的父母没有望子成龙，而是让他选择自己最喜欢做的事情。蔡志忠小的时候，他的父亲没有让他去上数学补习班、英文班，他这才有足够的时间画漫画。

在分享自己的童年经历时，蔡志忠说："父母应该热爱孩子的梦想，尊重孩子的兴趣。每个小孩都是箭，父母是弓，弓的责任就是帮助箭去箭要去的地方。"他在教育自己的女儿时，也在反复强调，"你无论做了什么事要我处理，请第一时间告诉我，我一定是全球 70 亿人中最乐意帮助你的人。"

蔡志忠的成功，就是受益于父母对他梦想的尊重和保护。他挚爱画画，即使画了一辈子，画了那么多，也从不觉得辛苦。他说："我一辈子虽然每天工作十六个钟头，其实我连一分钟都没有工作，我都是在享受。所以总归一句话，做自己真好。"

帮助孩子发现深藏的渴望，找到内心驱动力，教育里的很多事就变得更加顺理成章了。是孩子自己，而不是我们，推着他们的人生一路向前。我们可能更习惯于说"你不要……""你不能……""你应该……"，中国甚至有句老话叫"棍棒出孝子"，今天再看，当然已经过时了。但是，试图用约束、限制和惩罚让孩子变得更好的教育理念依然很常见。

事实上，驱动人向好的力量有很多，恐惧只是其中一个，而且不是最关键的那一个。对兴趣的探究、对梦想的渴望、对爱的期待、对能力的向往等正面驱动，才是保证人坚持不懈走自己的路的核心力量。

我一直努力从碎碎念的角色中挣脱出来，帮助孩子建立起自律系统。我们就是用打卡的办法，帮儿子设计了一张"每日安排表"，里面列有吃饭、穿衣、上学、作业、运动、练琴等项目，完成就打钩，没有完成就打叉，一周一表，表格下面留有写明情况的备注栏。

一周下来，如果完成的钩钩满额，就有奖励；如果某一项的叉叉超过两个，就坐下来聊一聊原因，分析下情况。奖励一般是他喜欢的玩耍项目、家人陪伴或者好吃好玩的，并不贵重。意义在于让孩子意识到父母的支持和赞赏，给孩子自我管理的核心动力，赋予孩子自律的最大底气，让孩子感觉到"我有，我是，我能"。

孩子不是我们的私有财产，我们只是陪着他一天天成长。当他长大了、成熟了，我们也衰老了，离开他之后，如果他还能一如既往健康幸福地生活，这就足矣。而这一切，离不开孩子早年学会的独立、自律、自我管理和自我规划。我们不只是为孩子计之长远，更是让他们有能力自己规划未来、谋划人生。

每个孩子都有自己的想法，我们的梦想不一定是孩子的梦想，我们的愿望也不一定是孩子的愿望。每个人都是独一无二的个体，适合别人的，不一定就适合自己。每个人的人生经历都只有一次，让孩子做自己生命的主角吧。

第五章 Chapter 5

孩子的路 让他自己走

放手让孩子去选择自己要走的路，即使他可能不是事事都如我们所愿，即使他会在生活中碰得头破血流，我们也要相信，这是他的选择，他会成长，有我们的爱做后盾，他会撑起自己的一片天。

每个孩子有自己的生长周期

我总是在想,等我到了 Maggie 的年龄,是否也能兼顾家庭和事业,同时从容淡定,拥有人生的智慧。因为从宇宇出生到现在,我经常会感觉到自己的世界早已乱得人仰马翻。圣诞季,Maggie 带着全家人回北京度假,我和她相约喝茶,同时向她请教关于新加坡的教育,以及她是如何养育孩子的。

Maggie 和我聊起关于她大儿子考学的经历。Maggie 认为让孩子学会一门乐器很重要,他们家老大对中国民乐比较感兴趣,在民乐乐器里,他不喜欢弹的,也不喜欢敲的,最后选择了学习吹笛子。

Maggie 说:"选择吹笛子可以,妈妈陪着你,我会给你找最好的老师,我们朝最好的方向去努力。"然后,她找到了上海音乐学院的教授,这位教授早期移民新加坡,后来长期在上海音乐学院带研究生。让教授来教一个小学生,那真是"杀鸡用牛刀",一下就把孩子培养成了两届全国冠军。

练习吹笛子对孩子的学习很有帮助,在这个过程中,Maggie发现老大成长了很多。的确是这样,学习乐器的孩子大部分学习都比较好。坚持学习音乐,本身就是在培养孩子良好的学习习惯,而乐器的学习对于孩子的左右脑同时开发也颇为有效,所以学乐器的孩子都比较聪明。

由于有了吹笛子的特长,孩子被一所很好的中学录取了。这所学校的民乐团在新加坡很有名,每次比赛都能拿金奖,孩子是学校民乐团的吹笛子首席。他的学习成绩刚入校时并不是很好,整个年级400多人,他第一次考试排名第382名。

Maggie就对孩子说:"你已经上中学了,妈妈不可能再像你上小学的时候那样,天天逼着你完成功课,要求你必须考上排名前30的中学。"

读中一时,孩子上课总是沉浸在自己的世界里,也经常不完成作业。虽然他不惹事,但是也不配合。他不喜欢的老师他就不加理睬,他想做功课就去做,不想做就不做。

孩子学习成绩不好,每个父母都会着急,尽管如此,Maggie也没有过多地去干涉孩子,更没有去打骂和责怪他,只是对他说:"你要过什么样的生活,由你自己决定。只要你以后对你的行为负责任,我都会支持你。哪怕你是去卖菜,或者炒个果条卖给人家吃,你觉得你很快乐,妈妈也支持。"

中二的时候,他的成绩大概往上提升了50名。中三的时候,

Maggie 又对孩子讲："中四就要考 O-Level（新加坡剑桥 O 水准考试），中三如果再不努力的话，很有可能考不上心仪的 JC（Junior College 的简称，新加坡只有 25% 左右的学生能上 JC。）。妈妈希望你能上排名前五的 JC，那里的学生 97% 都能上本地的好大学。"有了明确的目标，孩子到了中四开始发力。

后来，老大的 O-Level 考得还不错，上了新加坡当时排名第五的 JC。Maggie 说，以孩子的成绩可以直接上另外两所排名更好的 JC，但是，孩子却坚持自己的选择，他说："妈妈，我知道哪一所 JC 更适合我，你要相信我。"Maggie 当时对此虽然很不理解，但她还是尊重孩子的选择。结果进入那所学校后，孩子确实如鱼得水，经常跟着学校的乐团出国表演。而且，孩子选择的 JC 现在的排名已经跃升至第三，足以证明孩子的眼光独特。同时也让 Maggie 更加深刻地体会到尊重孩子选择的重要性。家长们通常注重经验，而孩子们往往看到的是未来。

老大后来又学习了网球，Maggie 也找网球私教带他训练，结果他的进步也非常快。短短一年，他的水平就赶上了学校里那些从小学到大的孩子，并代表学校去参加比赛，甚至打败了排名第一的种子选手。出乎 Maggie 意料的是，孩子还拿到了奖学金。

Maggie 说，她家老大的领导力非常强，因为他有服务和奉献的意识。虽然他早期的成绩并不是很好，但她还是感到很骄傲，因为他是一个特别温暖、阳光、健康的孩子，有自己的目标，并且有为自己目标奋斗的意愿和决心。让孩子最终能够成为一个受人尊重和喜爱的高素质国际人才，这是她最大的希望。

每个孩子的成长都有他自己的轨迹，除了必要的生存、健康和安全的保障与建议以外,父母操心再多,有时候可能也意义不大。甚至会因为过于强势,跟孩子产生很多冲突,从而伤害亲子之间的感情。每个孩子都有自己的生长周期,我们能做的就是静待花开。

少点让孩子窒息的"爱"

丹丹是一个很神奇的女子,她才华卓然,言辞犀利,之前和我是同事。后来,她独自去南方闯荡,在那边开了一家教育机构,事业做得风生水起。虽然远隔千里,但好在现代通信技术发达,我们仍然保持着联系。其实严格说来,我和丹丹不仅有同事之谊,更重要的是,她还是儿子爷爷的得意门生。每次提到这位女学生,儿子爷爷总是赞不绝口,言语间颇为得意。

丹丹在教育领域耕耘多年,她的学生也可以说是桃李满天下。她经常在自己的公号里写一些教育方面的感悟,文笔既让我忍俊不禁,也引起了我很多思考。

英文里有个词叫 control freak,非常贴切,可以翻译成"控制狂魔"。不少父母打着爱的名义,总是希望孩子的生活剧本按照自己导演的方向去发展，试图控制孩子。只是不知道在父母控制孩子的背后，他们爱的是孩子，还是借爱孩子的名义爱着自己？

丹丹在工作时接触过很多家长和孩子，发现教育问题比较严重的家长往往是以下几类：

有跟踪孩子、查孩子微信内容、请网络高手破解孩子邮箱密码、在孩子同伴中安插卧底、请老师帮忙做眼线的父母。在这种家庭关系中，父母和孩子经常说不上三句话就会爆发战争，如谍战片中的街头巷战一般激烈。随后进入冷战阶段，一家人如生活在同一屋檐下的陌路人。这种家庭里培养出的孩子，要么刚烈叛逆，要么唯唯诺诺。

还有忆苦思甜的家长，主要围绕自己为孩子含辛茹苦的付出展开。譬如离异的母亲声称为了孩子的幸福终身未嫁，这种故事只在关键时候被提及，孩子会大受触动，立誓奋发图强，以此回馈父母。可是孩子背负着这一生一世还不完的恩情，感到巨大的压力。在这种情形下，他或者封闭，或者逃避，在心灵层面与父母渐行渐远。在这种家庭中长大的孩子，习惯性地将父母的种种不幸背负在自己肩上，一生被负疚感压得喘不过气来。也有物极必反者，遇见责任就逃得远远的。

还有假装和孩子做朋友的家长，表面上尊重孩子的选择。但是，每逢重大抉择时，譬如大学专业、人生伴侣、性取向等，父母会润物细无声地将自己的意愿注入孩子的思想中。而从小在思想上依赖父母的孩子活一辈子，恐怕连自己喜欢什么都搞不清，更谈不上做好喜欢的事，找到喜欢的人了。当人在性格和心理上有了如此缺陷，就算事业上有点儿成就，在人际关系和婚姻生活中也很难让自己和他人幸福。

在这种教育模式中成长的人，恐怕永远都是听父母话的"乖孩子"。没有独立思考的能力，他所谓的思想不过是家长意志的附庸。一旦离开父母，他便寸步难行。"乖孩子"成年后，在婚姻或事业中面临任何问题，第一反应永远都是打电话给妈妈，妈宝就是其中典型。可怜天下父母心，如此这般斗智斗勇，皆因希望孩子拥有幸福的人生。

幸福是什么？借用周国平的话："一个人要幸福需要做好两件事。八小时内找到一件自己喜欢且能够干好的事，八小时外找到一个自己喜欢的人在一起，这样二十四小时都幸福。"在各类控制型家庭中长大的人，恐怕不大容易得到幸福。

Maggie 曾对此谈起她的想法：孩子是一个独立、有思想的人，他会有自己的想法，妈妈太爱了，太希望他好，所以便忍不住指手画脚。但是，在这样"恐怖"的控制下长大，孩子一旦有了反叛的能力，他就可能会叛逆。

所谓的叛逆，就是因为孩子跟父母的关系不融洽，他才会叛逆。孩子对父母厌烦了，就会找机会顶撞父母。孩子小的时候力量弱，基本上都是敢怒不敢言；长大了，自然而然就开始反抗了。但是，如果亲子关系很好，他为什么要跟你叛逆呢？

Maggie 家老大就从来没有过叛逆期，他们母子俩从来没吵过架，关系一直很好。很多妈妈特别羡慕 Maggie 和她大儿子的关系，但这并不意味着他们之间没有过意见不一致的时候。当产生分歧时，Maggie 通常会把自己的想法告诉孩子，沟通完了以后，她会问孩子："这是妈妈的意见，那么，你的意见是什么？"双方都说出自己的想法，然后让孩子自己做选择，无论孩子选择什么，只要不是原则性的问题，Maggie 都会让步，就是要让孩子觉得，妈妈会充分尊重他。正因为 Maggie 秉持对孩子一贯的尊重，建立了良好的亲子关系，所以，孩子越长大，反而越愿意征求她的意见，听取她的建议。

Maggie 家老大经常说自己很幸福，因为他可以干自己真正想干的事情。以他现在的成绩，新加坡本地的任何一所大学、任何一个专业，他都可以去。但如果他愿意的话，Maggie 更希望他能去美国看一看。因为新加坡虽然基础教育很好，但毕竟这个国家太小，人才也比较单一。所以，Maggie 希望他去美国看看，让自己的眼界更开阔、格局更大。至于将来到哪里工作，Maggie 尊重孩子的意愿，只要是他喜欢的工作，他就可以自己做决定。作为妈妈，Maggie 不希望为了自己而把孩子留在身边，现在交通已经很方便了，在哪里工作都不是问题。

尊重孩子说起来很简单，但实际上我们做父母的，可能需要时时反省一下自己。

我经常告诉宇宇，做事情不要三心二意，却没意识到自己也犯了这样的错误。有一次，宇宇跟我说："你可不可以在家里不要工作？跟我讲话的时候不要回工作微信？我知道你的工作很重要，你能不能把工作做完了，你再回家呢？虽说你答应陪我一个小时，但实际上在这一个小时里，你一直在处理工作。那你能不能陪我 15 分钟，这 15 分钟里，你就不要处理工作？"我这才意识到，我以为自己做到了高质量的陪伴，但其实孩子的感受并不好。

宇宇所说的我没有很专注地陪伴他，跟我要求他做事情不要三心二意是一个道理。我在给他提要求的时候，一心只想着他做得不对，想纠正他。实际上，我们要觉察自己，给孩子提要求的时候，反思自己做到了吗？

父母都对孩子寄予了太大的希望，所以，容不得他们有一点点缺失。但是，正是这些只让他们做到，而我们自己却无所谓的要求，让我们的亲子关系变得紧张之余，也让教育的效果大大打了折扣。

让孩子觉得父母是可亲近的，他才会愿意跟我们在一起。孩子跟父母在一起很自在，亲子关系才能融洽，我们才能走进孩子的内心，更好地引导他。同时，我们也需要反省自己。为什么孩子没有成为我们想要的样子？我们自己是不是有什么地方做得不好呢？不要总是去责怪孩子，每个孩子有他自己的天性，这是我们改变不了的。做父母的，最多能影响他30%，所以只要规范好他的品行，保障他的生活必需，在他需要的时候，给予建议和帮助，其他的我们能做的很有限。而且，很可能我们多做的那些行为，反而会伤害了孩子，也伤害了我们与孩子之间的感情。

很多时候，我们这一代工作不是为了做自己喜欢的事情，而是为了生存，为了赚钱，为了创造更好的生活。但是，我希望我们的下一代不需要这样，他们能有机会去做自己真正想做的事情。只要孩子是做自己擅长和真正喜欢的事情，我们都应该去支持他。

孩子远比我们想的要成熟

Teddy 是我的"90 后"小闺蜜,认识她的时候,她已经是一家教育类创业公司的 CEO 了。

Teddy 高中就背着行囊去加拿大上学,一个人在国外十几年,一路名校,哈佛背景,回国创业。她小小年纪,志向高远,每次谈到她做的那些创新项目,以及她想为教育公平做的那些事情,她的眼睛里都闪烁着光彩。每次和 Teddy 聊天都感觉如沐春风,她每次出现都精致美丽,我老说她是一个从皮囊到灵魂都精致的姑娘。

见面时,我们都会聊聊最近各自读的书,聊聊她这么多年一个人远行的经历。Teddy 告诉我:爸爸妈妈在她很小的时候,就开始培养她独立思考和独立生活的能力。12 岁的时候,她爸爸就跟她说:"你是一个成年人了,以后家里大大小小的决定,我都会跟你商量。"Teddy爸爸是这样说的，也是这样做的，家里的事情他经常会跟Teddy商量，也会听取她的建议。

Teddy妈妈从事旅游行业的工作。从5岁开始，Teddy就一个人随团外出旅游。每年暑假，父母都不会把她送到补习班，而是让她跟团旅游，所有的吃穿住都是自己一个人搞定。

有一次，妈妈让她一个人去成都，还在她的衣服里缝了个口袋，里面装了1万块钱。那是Teddy第一次一个人坐飞机。上飞机的时候，妈妈对她说："你衣服里有1万块钱，你一定注意，看好这个钱。"结果，上了飞机之后，无论多么热，无论空姐怎么劝说，Teddy都穿着棉袄不肯脱下来。

17岁那年，Teddy出国留学，那个时候她并不知道出国意味着什么，只是因为她不想学习语文，因此选择出国。她天真地认为，如果她出国了，就再也不用学语文了。语文老师天天逼着她背课文，不管别人上什么课，都把她叫到教室门口背课文。所以她一直想着出国，摆脱语文背课文的噩梦。

Teddy在本地找了个留学中介，中介信誓旦旦说帮她申请的是一个预科项目。但是，等她到了加拿大之后，才发现所谓的预科只不过是一个华人办的语言培训班。Teddy没有告诉任何人，包括她的爸爸妈妈，想办法把情况调查清楚后，自己去参加考试，然后飞回国完成毕业考试，重新申请了加拿大的大学，整个过程只有她自己知道。

中国有一句老话说，儿孙自有儿孙福。孩子早晚要离开父母，我们不可能把他拴在身边一辈子。从小锻炼孩子，让他有自主生活的能力，让他主动去接触世界，让他用自己的脚去丈量世界，摸索前行。将来即使他遇到再多的困难，由于经历过之前的磨炼，任何事情他也能扛过去。

因为近些年的留学热，像 Teddy 这样离开父母，一个人远行的孩子还有很多。老猫也是高中出国读书的"90 后"大男孩。

认识老猫的时间不长，他曾在美国生活了十几年，是数学教育博士，在美国大学教书。但他放弃了那里的一切，回国发展。老猫比较慢热，也比较腼腆，相处久了，觉得他严谨、谦虚，骨子里还有淡淡的忧伤。聊天的时候感觉博士就是不一样，他事事认真，热爱音乐，自学钢琴，写得一手好字，我就好奇他的成长经历是怎样的。一个阳光明媚的午后，我约他出来喝咖啡。

老猫小时候，因为爸爸妈妈工作非常忙，很少有时间陪伴他。因此，很多时候，老猫都是一个人在家。那时，小小的他心里只有一个愿望，希望能快快长大，这样就能离开家，而不是永远都是孤零零的一个人。因此，他非常努力读书，成绩一直很好，从小就是学霸型选手，小学和中学上的都是当地最好的学校，可是他发现自己一直过得很不开心。

高二的时候，老猫第一次萌生退学的念头。他喜欢看童话，尤其是郑渊洁写的，他想退学后专门在家从事写作，写小说、童话，父母当然都不同意。高中的时候，老猫有了出国留学的机会，虽然选学的专业并不是他特别中意的，但他还是抓住这个机会走出了国门。按照父母的建议，他稀里糊涂学了计算机，逃离了当时的家。之后发现自己想学的其实是数学专业后，因为不想浪费太多的时间和金钱，他咬咬牙，选择辅修数学专业，把所有的时间都投入到学习上，终于以双专业毕业。

这个结果看起来似乎很完美,但硕士毕业后,老猫发现自己得了抑郁症。回国找了心理医生,聊完以后,老猫才发现症状的根源,其实是因为他一直都没有按照自己的心愿去生活。这么多年来,在父母的眼里,他很努力,很听话,但实际上,他压抑了自己的正常需求和真实情感。

在心理医生的开导下,老猫逐渐放开了自己。现在他已经明白了,如果不是依照自己的兴趣,只是为了父母的意愿去学一些东西,学得再多,时间再长,到最后也没有意义。因为不是自己的真实兴趣,很难有持久的内驱力和原动力。只有遵从自己内心的选择,才能走得更高、走得更远。

诗人纪伯伦曾对父母与孩子的关系有过极其深刻的描述:

"你的儿女,其实不是你的儿女。

他们是生命对于自身渴望而诞生的孩子。

他们借助你来到这世界,却非因你而来,

他们在你身旁,却并不属于你。

你可以给予他们的是你的爱,却不是你的想法,

因为他们有自己的思想。

你可以庇护的是他们的身体,却不是他们的灵魂,

因为他们的灵魂属于明天,

属于你做梦也无法到达的明天。

你可以拼尽全力,变得像他们一样,

却不要让他们变得和你一样。

因为生命不会后退,也不在过去停留。

……"

读这首诗或许令我们多少有些不悦，要消化它，认同它，让其指导我们的言行，基本是一件不可能的事。因为那意味着，我们需要付出一种不需要回报的爱，我们需要对抗自己最根本的劣根性——自私。但无论能否做到，这样的尝试——不将孩子视为自己的私有财产——却是极有意义的。

我们总说自己是爱孩子，但实际上，我们很多人的爱是有条件的。即使与物质回报无关，我们依然期待对方给予情感回馈。我爱你，那么，请你也爱我。而怎样才能证明你爱我呢？那就是顺着我的心意行事，满足我的种种期待。当对方无法做到这些时，我们就会产生对爱失控的不安全感、付出得不到回报的挫败感、觉得自己不值得被爱的焦虑感，于是，我们就会不由自主地想要控制对方，或糖衣炮弹，或高压铁腕，希望以此让他回到"正确"的轨道上。而"正确"的标准，是根据我们的期待定义的。在一段亲情中，这一切则显得更为理直气壮：我不仅爱你，我还给了你生命，我养育了你，你属于我，所以你必须得爱我，且按我所希望的方式爱我。

你必须爱我。因为，你属于我。但孩子真的属于父母吗？很多人没有认真思考过这个问题，中国家庭教育的最大症结就在这里。我们想把自己认为好的一切都给孩子，我们甚至还理所当然地为自己的付出而感动不已，看看，我们对孩子的爱是多么无私。但是，我们忘了一个最根本的因素：孩子有他自己的追求，又有何不可呢？放手让孩子去选择自己要走的路，即使他可能不是事事都如我们所愿，即使他会在生活中碰得头破血流。我们也要相信，这是他自己的选择，他会成长，有我们的爱做后盾，他会撑起自己的一片天。

人，生而不完美，生命的意义便是努力让自己向完美趋近。在亲子关系中学会如何去爱，这是让生命实现升华的重要机会。当生命降临时，便做好与他分离的心理准备，让他能够更快地与你分离，拥有完全属于自己的生命。如果你真的能做到这一点，孩子会永远感激你，因为你向他展示了爱的真谛。只有懂爱的人，才能拥有真正幸福的人生，才能"在八小时内做自己所爱的事，八小时外和所爱的人生活。"而你，并未失去任何东西。相反，你的生命，因你突破爱的狭隘而变得更加完满。

龙应台在《目送》中说过这样一段话："我慢慢地、慢慢地了解到，所谓父女母子一场，只不过意味着，你和他的缘分就是今生今世不断地在目送他的背影渐行渐远。你站立在小路的这一端，看着他逐渐消失在小路转弯的地方，而且，他用背影告诉你：不必追。"

孩子的成长，就意味着他一定会离开我们，去过他自己的人生。孩子的灵魂"是住在明日的宅里"，是我们"在梦中也不能想见的"，既然如此，那我们就给他"爱"和"自由"，让他成为"生命为自己渴望的儿女"，活出真正的自我吧。

在新西兰上学时,牛顿中心小学的体育课上

秋日,宇宇在京都畅快奔跑

PART 3
且行且思

第六章
Chapter 6

思辨是
奢侈品

不要忙着让孩子只关注现成问题的标准答案，他们应该有独立之精神、自由之思想，既有判断和选择的能力，也有创造和建设的欲望，用积极的态度和思辨能力，创造更加美好的未来。

在纽村上学的跳脱时光

"这些年看到这么多从国内培养出来的杰出高才生,他们在专业上这么突出,但思维方式却显得那么僵化、偏执,社会交往能力又那么差,除了自己狭窄的专业外,就不知道怎么跟人打交道、怎么表达自己,让我非常痛心……在美国,绝大多数中国人再好也只能做些技术活,难以出人头地。"耶鲁大学的一位华人教授这样谈到。

的确,咱们的孩子普遍存在思辨能力欠缺的问题,归咎起来,主要还是因为对思辨能力的培养没有给予应有的重视。教育界广为流传的布鲁姆教育目标分类法:美国教育心理学家本杰明·布鲁姆提出的分类法。他把教育者的教学目标分类,以便更有效地达成各个目标,在西方的教育中广为应用。在国内,大家对于教育的认知范畴也有了广泛的共识，包括以下六种：

记忆是最基本的要求，要求学生从长期的记忆中获取需要的知识。而理解是对记忆的升华，不但要记住某类知识，还要理解其内涵。下一步就是应用，即使用此类知识。以上三种认知都属于低阶思维层次，也是中国学生擅长的思维模式。分析是指检查并分析动机或原因，然后分解信息，进行推论；评价是指使用标准、理论或过程来评价价值；创造指的是创造出新的或是原创的成果。这三种属于高阶思维层次，在学校教育中，国内刚刚开始起步，那么作为家长，我们需要去了解，并刻意锻炼孩子的思考力，尤其是高阶的思维能力。

思维能力的锻炼不是为了考试，也不仅仅是为了学到知识。而是一种非常重要的思维方式——让我们能在五光十色的世界中保持清醒的自我，在平庸世俗的生活中保持独立的灵魂，在众说纷纭的声音里保持冷静的思想，在纷乱中找到自我并坚定不移，自己有能力掌控自己的生活。

思辨能力的培养始于家庭。突破爱的狭隘，学着为爱放手，让孩子作为独立的生命个体思考、成长，是培养思辨能力不可或缺的第一步。

事实上，基于对子女毫无保留的爱，很少有父母能克制住对孩子过度关心的冲动。孩子放学回家，我们总是忍不住问："今天都学会什么了？中午吃了什么？和谁一起玩了？"孩子遇到难题，我们总是忍不住给出答案或解决方法。我们告诉他们该做什么、该追求什么，以及需要达到什么水平，恨不得手把手帮助他们考取名校，被大公司录取。

但事实上，这样一路都在被推着走的孩子，根本没有自己思考、处理问题的机会。我们的"忍不住"，无意中成为孩子丧失思辨能力的罪魁祸首，至多培养出"优秀的绵羊"。在之后的漫漫人生路上，这些孩子不知道自己该怎么想、怎么做，或许他们有很好的学历和很棒的技能，但是徒有一身本领，唯独不知道自己该何去何从，他们需要别人帮他们思考。

我内心里一直向往田园牧歌式的生活，不管日程安排多么紧张，都要抽出时间来与家人共进晚餐。在餐桌上，我们听孩子谈论白天的经历和生活，聊聊时事或科学、历史和艺术。假期能够带着孩子在户外追逐嬉戏，甜甜的空气里回荡着孩子的笑声……因此，即使工作再忙，我也愿意抽出时间来听儿子讲讲自己的小生活，而不是一心只扑在工作上，完全牺牲了亲子时光。在与孩子聊天的过程中，只要稍微注意一点聊天的方法，就有助于提高孩子的思辨水平。

我经常说自己是中国正常家庭里长出来的正常孩子，从小被家长呵护备至，受过良好的教育，一路相对顺利。但在社会上、职场中，当面对形形色色的人，我才发现温室里长大的花朵和丛林中长出的参天大树，注定是无法竞争的。在社会的熔炉里，需要更多的磨砺，才能脱颖而出。所以，儿子小时候学走路时摔倒了，我总是让他自己学着站起来，他在学校和同学有矛盾了，我不是让他告诉老师或者回家给他支着，而是让他在思考、困惑和纠结中自己找到合适的答案。

面对孩子生活中的小麻烦，我一般尽量多听儿子说。他需要帮助的时候，给予引导和启发，不直接给出答案，让孩子自己尝试想办法。即使吃点苦头也没关系,他可以在碰壁后形成新的认识,所谓"吃一堑长一智"嘛。说实话,有时候效率真心不高,可是这不就是孩子的成长吗?慢慢来,比快快长,更重要。看起来笨拙,却走得坚实。更重要的是,儿子慢慢意识到父母不会为他的问题负责,虽然我们爱他,但是,他自己的事情必须自己解决。

除了聊聊每天在学校的趣事,我们会聊最近各自读的书、想看的电影、在追什么剧、周末去哪里打卡,还有就是新闻时事。儿子每次发表完高见,发现得到了认同,后面会自己做点小研究,想要给我们更多惊喜。我原以为他的观点很幼稚,但实际上他的视角很独特,即使想法天马行空,很多时候也给我们的固定思维模式打开了一扇窗。每个孩子都有一双自己看世界的眼睛,经过探索,他有了新发现,就想告诉我们,和我们分享、交流。所以,珍惜孩子雀跃地拉着你说个没完的时刻吧,在小时候一点点建立起来的良好的亲密关系,长大后,我们才会和孩子有更多的共同语言。

我们经常说国内的教育注重基础知识和基本技能,咱们的基础教育非常扎实,尤其是理科教学,全世界范围内也有不少学者开始研究和关注亚洲教育;而纽村的小学更多的是探究式学习,比较松散,但是老师非常注重培养孩子的阅读习惯和表达能力,每学期都会要求孩子轮流分享最近关注的时事(Current Event),可以是全世界范围内的,也可以是当地或学校、社区的小新闻。除此之外,孩子们也会自由选择喜欢的书进行读书分享(Book Reveiw)。

有一次,轮到儿子进行读书分享。因为工作的原因,我经常会接触到剑桥大学出版社、牛津大学出版社、麦克米伦、柯林斯等这些主流的图书出版机构,我感觉自己能帮孩子不少忙。再加上从小我就陪儿子读绘本、讲故事，选书这件事，我自告奋勇帮儿子揽了下来。

在纽村的图书馆，我按照蓝思分级帮着找可能适合的材料，真的是用心按照体系性、专业性和趣味性来选一些书。结果，我选出的书儿子都觉得一般，自己挑了一本关于足球的书，这是他的大爱啊。我看了看，觉得语言太难了，不太容易讲好。

在我试图劝儿子用我给他的图书范围时，儿子的班主任和我有过一段聊天，让我深深地发现中西方教育的差异。尽管我是在国外留学和工作过的，但我的教育场景是在中国，理念还是不一样。儿子在纽村的班主任是一位英裔白人姑娘Maria，教书快十年了，几次交流下来，我最大的感受是她真的爱孩子、爱教学，再次在我心中解读了"以学生为中心"不光是表现在课堂上，更是在师生关系中。

Maria看了我选的书，说一看我就是英语教学专家。但是，他们鼓励孩子选自己喜欢的书，哪怕书的难度不合适，哪怕不是按照分级一级一级读，只要是他自己喜欢的、自己选的，就依照孩子的兴趣，这是课外读物，不需要拘泥于哪个分级框架。

我记得那是2018年，正值俄罗斯世界杯期间，宇宇专门找来一本有关足球的图书，结合当前赛况做了解说。他提前做了大量的研究，世界杯、欧洲杯、亚洲杯、西甲、意甲、英超，从赛制到球队、球员，还有队服，他串起来讲得头头是道，还讲到他喜欢的巴萨队和喜欢的球星梅西。后来听老师说，他讲得非常精彩，充满热情。

关于时事分享，我也主动帮儿子去整理BBC的新闻，搜集纽村当地的报纸。在我们一起看完那一个月大部分国家和新西兰的新闻后,他觉得没意思,和自己没啥关系,不想讲。当时正值中国传统春节,我们居住的奥克兰是新西兰华人最多的一个城市,元宵节那天,奥克兰中央公园(Auckland Domain)有一场灯会。于是宇宇准备讲奥克兰元宵灯会,他自己到图书馆查关于中国年、元宵节、年俗等各种资料,对比在中国过年的感受。

元宵节那天,全家人一起去了灯会,边游园边帮着他搜集资料。回来以后,他把自己了解到的习俗、节日由来和特色相关内容做成了PPT,这也是他第一次自己做PPT,从打字到后面的美化都是他自己来,我们在旁边辅助他。新西兰是一个移民国家,学校里有来自不同文化背景的孩子,儿子是唯一的中国孩子,他特别希望能把中国及中国的传统文化介绍给大家,据说这次的演讲又是好评如潮。

这就是典型的探究式学习,可以发挥孩子自主思考和研究的能力。其实,国内的学校也越来越多这类项目和活动了。但是,在中国的大环境下,父母代劳准备的多,最后展示环节才轮到孩子自己来。

我渐渐发现国内孩子的作品往往都很专业和成熟,其实有点舍本逐末了。孩子们稚气未脱的作品,才是他们本该展示出的样子。孩子们设立目标,然后带着问题查资料、找答案,学会用事实去支撑观点,这个过程已经有了科学研究方法的雏形,他们会养成用证据来证明逻辑的学习方式,同样也会形成怀疑的精神、审视的态度、思考的习惯和探究的热情。

探索问题的契机

我相信有不少健身的朋友和我有一样的感触，减脂增肌，练得越多，体型就越好。增肌需要大量的力量训练，慢慢肌肉量就会增加。其实智商就如同肌肉一样，是可以被发展的。尤其是孩子小的时候，每一次探索世界，每一次挑战大脑舒适区的极限去学习新的和有难度的东西，刺激大脑神经元，大脑神经元就会发展出新的突触，突触越多，网络链接越多，人就会变得越来越聪明。

全世界都在谈终身学习，我们的孩子怎么能在世界竞争格局中胜出呢？孩子的天赋、智商、能力都是我们无法改变的，人与人之间可选择的差异就是思维模式，到底是固定型思维模式（Fixed Mindset）还是成长型思维模式（Growth Mindset），我们要教会孩子正确认识自己，让他们有正确的态度面对困难与挑战，帮助他们建立对挫折的复原力。这样面对挫折时，他们非但不会被打趴下，反而会变得更加聪明和强壮。刻意训练成长型思维模式，告诉孩子智力是可以提高的，抓住每一个进步的机会，找到下一个努力的方向。

父母评价孩子的方式将影响孩子一生的思维模式。当孩子取得成功时，我们更应该肯定他们的努力而不是天赋；当孩子遭遇挫折时，我们更应该告诉他们只是还没达到，而不是根本不行。

我们需要忍住，尽量不对孩子的想法有太多主观的评价，有意识地去更多地肯定孩子做事的过程。比如孩子画了一幅画，也许那幅画本身画得不怎么好看，但是，他花了一个半小时的时间，他确实很认真。那么，你就可以表扬他努力的过程。

总而言之，让孩子知道无论荣耀还是苦难都只是暂时的，人生永远是进行时，唯有掌握可以控制自己命运的能力，才能总是泰然自若。

钱学森之问困扰了中国教育界多年：为什么我们就培养不出大师？因为我们太专注于让孩子成为知识上的专家，反而折损了培养兴趣丰富、人格完整、头脑健全的通识人才和思辨型人才的机会。

如果孩子的课业负担不重，老师教的知识也不多，孩子就有大把的时间去玩耍，看似散漫无边，实际上这不是在"放羊"，而是在"吊胃口"。孩子在玩耍时会有疑惑、有好奇，但老师却不急于用超负荷的知识去满足他们，于是，他们只能独自去探索。这样一来，孩子的学习兴趣就被完全激发出来了，他们乐观阳光、肌肉健硕，眼中充满着光彩。

如果老师过于慷慨和主动地教授，很可能会使学生疲惫，孩子就没有时间去好奇、去提问。过重的课业负担让孩子早早就戴上了眼镜，他们驼着背，眼神木讷，表情呆滞，斯文的背后透出了满身的疲惫。我总会想起小时候的我，快被压垮的躯壳下藏着自由的灵魂。超负荷的学业负担真的是孩子生命中不可承受之重！

教育学家苏霍姆林斯基说："孩子提出的问题越多，那么他在童年早期认识周围的东西也就愈多，在学校中越聪明，眼睛愈明，记忆力愈敏锐。"遗憾的是，很多孩子来不及提问题，因为老师提出的一个又一个有着标准答案的问题，已经让很多孩子花费了太多的精力。你我皆为人父母，尽一切努力多给孩子一点空间，让他们有多一点玩耍的时间吧，让他们去发现和探寻，而不只是机械性地回答和应对。我想将来孩子收获的不只是深入思考的能力，还有求知的乐趣和兴趣。

在纽村的课堂上，老师会给孩子很多表述的机会，让他们针对某个问题发表自己的看法，谈谈自己的经历，或者跟别人辩论。到了小学四五年级，学校还会对学生进行科学方法这项最基本的训练。老师会给学生讲，科学方法的第一步是提出问题和假设；第二步是根据问题去找数据；第三步是做分析、检验假设的真伪；第四步是根据分析检验的结果做出解释。如果结论证明了当初的假设是错的，那么，为什么错了？如果是验证了当初的假设，又是为什么？第五步就是写报告。这些都是培养孩子思辨能力的基本训练。

大多数纽村的小学没有考试，项目制学习（Project Based Learning）在纽村普遍被采用，主要是锻炼孩子的创造力、团队合作、领导力、动手能力、计划以及执行项目的能力。这是一种动态的学习方法，让学生主动探索现实世界的问题，在整个过程中并不关注学生是否通过一个既定的方法来解决问题，而更加强调学生在试图解决问题的过程中发展出来的技巧和能力，整个学习过程赋予了孩子应对未来挑战的能力。

具体到儿子的项目，老师要求首先针对自己的兴趣，选一个想研究了解的课题；其次是要找资料、收集数据，进行研究；再次是整理资料，写一份作业报告；最后是给全班同学做5到15分钟的讲解。假如孩子对奥克兰的气候感兴趣，他需要把奥克兰一年12个月中每月的降雨量、温度的历史数据收集起来，再计算出历史上每月降雨量、温度的最高、最低与平均值，然后再分析这些跟奥克兰其他天文、地理情况的关系，写好报告以及讲解文稿。

不光是纽村的小朋友，我发现不少欧美的孩子听到任何话，很自然地就会去怀疑、审视，然后自己找到证据来证明这个话逻辑上或者事实上、数据上站不住脚。他们习惯了质疑，习惯了自己去寻找答案，而不是对大人的话深信不疑。这种思辨能力和应对来自世界、面向未来挑战的能力正是咱们应试教育下的孩子所缺少的，需要我们刻意训练。

哈佛大学教授侯曼·哈洛尼的一段话可能代表了美国教育的特点，他说："是的，我们看重高分；但我们更看重这个人将来会成为社会优秀的一员吗？他们将来有一天会不会有特别的创造力？会不会创造人与人、思想与思想之间新的联系与关系？"

我们的孩子属于未来的时代，一个飞速发展、变数无穷、充满机遇和挑战、精神自由和思想开放的时代。不要忙着让孩子只关注现成问题的标准答案，他们应该有独立之精神、自由之思想，既有判断和选择的能力，也有创造和建设的欲望，用积极的态度和思辨能力，创造更加美好的未来。

"阿尔法一代"勇于辨真假

智能时代悄然到来,在全球化的背景下,中国的教育正在发生巨大的变化。随着中国课程标准的改革、教材的改革和高考的改革,作为教师和父母,我们的教育理念有没有与时俱进?

"80后""90后"小时候接触的信息大多来自书本、报刊和广播电视等传统媒体,后来互联网兴起,我们这一代又成为互联网时代的数字移民,电脑、手机、网络改变了我们的生活习惯,重塑了我们的学习方式。

2010年以后出生的小孩是伴随着移动互联网成长起来的"阿尔法一代"。作为"互联网的原住民",自打出生,我们的孩子就处在一个信息大爆炸的环境里,微博、微信、抖音等各种自媒体平台上充斥着五花八门的信息,他们从小就可以很娴熟地使用Google、百度来检索信息和获取知识，获得知识越来越容易，接受信息的成本越来越低。这意味着什么？意味着伴随科技的发展，这一代人从出生那天起就是跟着App学习。未来的教育模式已经被重新定义，所以我们引导孩子学习的方式也需要更新迭代。未来决定人和人之间差距的因素，也从信息壁垒转为信息处理能力。

我们的孩子是信息时代的数字原住民，一方面我们惊叹于他们能在这场纷繁复杂的信息爆炸中生存和学习智慧，另一方面我们又希望能帮助他们提升在海量信息中甄别、筛选、归纳和整合的能力，以抵御突发风险。我们的孩子要做好准备迎接未来的工作，就需要学习力，或者说深度学习的能力，这是互联网学习对传统学习模式的挑战。因为谁都拥有信息，所以，深度学习强调的是快速获取信息、处理信息、整合和转换信息的能力。

朋友圈里，由于"人人皆可为自媒体"，信息污染问题日益严重，垃圾信息和假新闻层出不穷，令人一时难以分辨。我们经常看见老年人分享一些关于健康和养生的文章，并且对里面的每一句话都深信不疑，日常作息、三餐饮食都一板一眼照着来。如果你提出怀疑，老人还会理直气壮地说："这是网上查来的。"不少商家也利用人们的心理，经常会建议消费者自己去网上查。而实际上，网络上的信息良莠不齐，不少是过度处理、商业加工、虚假宣传，不尽不实、凭空捏造的信息也不在少数。

鉴别信息、去伪存真的能力是未来一代的一项核心能力，也可称之为"数字化生存能力"。一次对美国大学生的媒体内容消费调查研究显示，有将近一半的人坦率表示，他们对自己在社交媒体上能否辨别出假新闻表示怀疑。哈佛大学校长德鲁·吉尔平·福斯特曾在新生开学典礼上致辞说:"我们需要具备勇敢、宽容和谦逊的品质,愿意参与到知识社群的辩论,愿意包容他人的想法,并愿意基于理性和证据改变自己的观点。不过,这些不仅仅是我们希望在每个学生身上培养的重要智力技能,它们还是至关重要的基本能力——即做出判断和评估事实的能力,以及在新事实面前虚心学习和自我成长的意愿。"她还特意强调了一句话,即高等教育的最重要目标是确保毕业生能够辨别"有人在胡说八道"。

对于我们的孩子来说,面对芜杂的外部世界,如何做出审慎的选择,是怎样强调都不为过的。自识字开始,孩子的人生就打开了另一扇大门,他们可以更自由地探索真实的世界。作为父母,我们煞费苦心地给孩子们准备书单,学习如何更专业、更科学地育儿,从绘本故事讲到童话故事,从文史哲故事讲到科普百科,所有的努力都是为了帮助孩子提升阅读能力,建立规则意识,搭建常识认知。

知识分为四个层次:信息知识、加工知识、体系知识、智慧。我们能够提供给孩子的,只是第一层次的基础信息知识,之后就要靠他们自己去思考,建立起自己的知识体系。我们常常用"书呆子"形容有些人书读多了,显得比较迂腐。归根结底,他们是没有将书本上的信息进行加工,融入自己的思考和创造。

当然,虽然读书和利用互联网收集信息的方式稍有不同,但让孩子参与到真实世界的生活,形成自己的判断力和决策力是一致的,这是关系到未来孩子竞争力的基石。如果老师只是简单地教授知识,但不让学生去使用它们,那么学生被动接受知识,只会让他们丧失思考的能力,在未来的人生中失去主动性。

孩子的数字化生存能力没有那么神秘，其实就是能够快速、准确地检索到有效信息，并迅速判断、决策和应用的过程。数字化生存能力可以靠着孩子从小运用科技工具的习惯和科学思维的模式循序渐进地形成。数字化能力不用刻意培养，我们已经身处在 21 世纪，移动互联网早已渗透到生活中的方方面面，让孩子置身于真实生活中就足矣。

因此，在生活中多锻炼孩子就显得尤其重要。小到超市买菜、散步时看到的商家广告，大到上什么学校、选择什么培训班等和孩子相关的家庭决定，我们都可以和孩子一起通过聊天、考察、搜索、查阅资料等方式收集生活中的信息，然后和孩子一起做决策。在这个过程中，孩子往往可以自然而然地学会信息处理。

儿子从小就参与到关于自己的各种信息搜集活动中，在中国和新西兰两边同时上学的特殊经历，也让他的中英文阅读水平同步发展。他对于自己读的书、吃的东西、使用的保健品等都有自己的选择，对食物吃多少、保健品有哪些益处也有自己的判断。

小孩子都爱挑食，喜欢吃零食，而父母肯定希望孩子能够健康饮食、营养均衡。于是，我和儿子一起上网搜集如何用肉蛋奶果蔬搭配食物金字塔，学习营养学的基本概念。为了让儿子自发地选择健康食物，我们一起看 BBC 关于健康的纪录片，一起看经典美食节目，看全世界的厨艺大赛。这些基本都是英文的资料和影片，一方面使用了英文，给语言找到了使用的出口，另一方面让儿子深深地爱上了美食，他对于健康饮食的原则有了自己的理解，学会判断该如何进行合理膳食。

自从学会信息检索以后，他已经习惯了主动查询食物有什么营养价值，也有意识地远离垃圾食品，虽然每个周末和假期还是有放肆的几天。衣食住行本来就是生活必不可少的一个环节，我们还专门阅读了关于吃的中西方的各种书，《传家》和《宋宴》都是我们常常翻阅的。

有一次，儿子认真地研读着儿童DHA的说明书，对于饭前还是饭后吃、为什么吃、吃几颗，都了解得清清楚楚之后，他才吃。那一刻，我发现孩子长大了，有了处理信息的基本能力。

有一点需要注意的是，我们要告诉孩子哪些信息源是相对可靠的，并帮助孩子掌握一定的常识，这是他们进行信息处理的基础，也是确保他们获取、分享的信息更为准确可信的前提条件。

没有正确的元知识和科学的信息获取渠道，单纯地谈论信息处理，无异于空中楼阁。父母无法代替孩子思考，但可以帮助他们形成强有力的知识内核，搭建关于判断知识的知识体系。有了这个内核，再去检索、去发现，他们就能轻而易举地找到正确的知识，分辨出哪些能要、哪些不能要。

学会质疑与求真

批判性思维不是一个新的话题，2500年前就有哲学家在思考到底什么是批判。苏格拉底说的一句名言，如果翻译成中文就是，"未经审视的人生是不值得过的"。这里的"审视的人生"，实际上我认为指的是我们要时时刻刻对我们的生活进行反思，理解我们生活的意义。我觉得苏格拉底在强调反思对象，它既是我们每个人每天的一言一行，同样也包括在一言一行的背后，我们做出判断时的价值体系。用现在比较流行的一句话说，苏格拉底实际上是鼓励我们每一个人都要时刻警醒我们大脑的操作系统，或者叫我们思维的底层逻辑。

关于这个话题的讨论，不管是在国外还是在国内，从未停止过。但是，好像现在大多数的人对批判性思维会有一些负面的评价,因为"批判"这两个字的中文意思,会给人一种就是要挑错的感觉。当我们谈起批判性思维的时候,就是在听到别人说的话、看到别人写的文章时,一定要挑出他们的毛病。而实际上,我们很难找到一个特别准确的词来形容 Critical Thinking,可能它就是我们说的这种思维模式,或者说是我们看待世界的一种方法或者是学术的态度。

狄更斯曾经说:这是最好的时代,也是最坏的时代。今天同样也是如此,身处今天这个时代,我们拥有无法想象的便利,动动手指,我们便可以获得无比丰富的资讯。以前很多人实际上是靠获得不对称的信息创造财富,而现在这种机会越来越少。我们每天都被无数的信息包围,如果没有批判性思维,我们完全无法判定这些信息哪些是有用的,哪些是无用的。

事实上,我们经常被噪音包围。不光是在中国,全世界都是如此。我们需要筛选出对自己有用的信息。咱们国内有个时髦的词叫"老年流量",指不少商家为了营销,针对老年群体,或者说针对没有很好的思辨能力的群体,给出不少误导性信息。信息化社会新的文盲,不再指是否识字,而是指是否有判断力。引用 OECD (Organization for Economic Co-operation and Development:经济合作与发展组织,简称经合组织)教育部长说的话,现在这种所谓的信息事实,并不需要大家去死记硬背,我们要有更好的、更复杂的一种思维方式,将来才不会被人工智能所取代。我们要让孩子获取知识、积累智慧,同时,也要教会他们质疑知识,培养批判性思维。

我们小时候看待事物总是 Black and White(非黑即白),觉得任何问题都有标准答案。长大以后我们才发现,这个世界上的很多事情是没有标准答案的。时至今日,大家会发现越来越多的课堂从过去以老师为中心,变成以学生为中心;越来越多的教学把过去的每件事情都有一个标准答案,变成了现在更加开放和非确定性的问题。

我举个生活中的例子。宇宇非常爱喝可乐,有一天他在微信上看到一篇关于"中学生喝碳酸饮料有助于提高学习成绩"的研究,特别高兴,特意拿过来挑战我。我没有直接对儿子说这个研究是偏颇的,而是让他思考这个研究到底值不值得我们相信。我首先想到的问题是启发儿子去思索这个研究是哪个团队操作的,他们的学科背景怎么样,他们有什么样的技术含量。另外,我还告诉他研究的样本的概念。如果是3个中学生或者5个中学生,这个研究样本很小,哪怕是有100个、1000个中学生参与研究,如果我们要把这个结论推广到整个中国的中学生,那也是不够的。尽管数量大,但是它可能没有代表性。如果我们想有代表性,那么,样本必须包含不同地域、不同性别、不同家庭环境的中学生。

另外,科学实验还会有对照组。如果一群中学生喝碳酸饮料,后来成绩提高了,但是,一组没有喝碳酸饮料的中学生成绩也提高了,这个时候,我们就不能下结论说学生的成绩提高跟喝碳酸饮料有关系。还有一个很重要的问题,研究的项目经费来自哪里?如果这个项目的研究经费是来自碳酸饮料公司,我就会质疑这个研究的有效性。

我还会给宇宇举例子,比如说烟草公司赞助的研究表明抽烟其实对人的身体没有那么多的损害,生产咖啡的公司赞助的研究说喝咖啡能够提神,这些研究都是应该值得质疑的。

疫情期间发生了一件小事。当时大家居家工作生活，有一天，我带儿子下楼骑自行车，他碰到了自己最好的朋友，但是，那个男孩一声招呼都没打就从他身边过去了。宇宇回来非常伤心，几乎就要哭了起来，他说他得出一个结论，那个男孩不想再成为他的朋友了。我其实很想安慰他，同时，我觉得这也是一个引入批判性思维的好时机。我就说："宇宇，你想一想，有没有别的原因，他没有跟你打招呼。"他想了半天，说："是不是因为我戴着口罩，又戴着头盔，所以他根本就不知道那个人是我。"

其实在日常生活当中，我们有时候基于个人的经历或者是偏见，非常快地从一个现象马上就得出一个结论，而这个结论往往都是错误的。看到现象，不要那么急于下结论，慢一步，好好启动我们的批判性思维，想一想有没有别的解释。

教育家主张从小让孩子分辨哪些是事实、哪些是观点。我们可以告诉孩子，事实是客观的，观点是主观的，给予了客观的事实之后，孩子自己的主观观点是什么呢？美国从小学到高中培养孩子批判性思维的一个常见方法是 T.H.I.N.K before you speak：true（是事实），helpful（有用），inspiring（能启发别人），necessary（有必要），kind（友好）。这个方法意在教会孩子辨别事实和观点的区别。

学会区分事实和观点，听起来好像挺难，但实际上我们在生活中时时刻刻都能进行这方面的训练。作为大人，我们很多时候的痛苦也是由于把"我觉得"和"事实上"混为一谈了。猛爸是业内小有名气的国际教育专家，也是我的好朋友，我们经常会聊带娃心得，他也一直是我的榜样，用心陪娃，耐心育儿。

我们经常会发现国外的分级阅读中总会有"下面哪一个是事

实,哪一个是观点?"的题目。猛爸也经常带着娃读绘本。有一次,他特别骄傲地告诉我,他家娃基本从3岁开始,就知道什么是事实、什么是观点了。他还绘声绘色地讲述绘本里的一个关于食物的小例子:这是一个蛋糕,这个蛋糕是面粉做的,这是事实;蛋糕真好吃,这是观点,从这些最简单的地方开始,建立起观点和事实的概念。读绘本不光要对里面的内容和语言有所了解,更重要的是培养一种思维模式。

有一次,猛爸的闺女说:"院里的小姐姐告诉我不能跟一个小朋友玩,因为这个小朋友特别坏。"猛爸马上就问了一句,这句话是观点还是事实?孩子马上就明白了,说:"这是小姐姐说的,不一定是真的。"

教育孩子是个自然的、瓜熟蒂落的过程,真实的生活是最好的教科书。批判性思维似乎离我们有点远,但实际上我们可以在日常生活中潜移默化地训练孩子,不仅可以让孩子在家庭里更有参与感,也会促进亲子关系的和谐。

如果孩子接触的信息都是错的,那还谈什么正确认识世界?所以,让孩子从小学会鉴别信息,去伪存真,养成求证小习惯,日后他才可能获得大成就。

从吃东西到衣服搭配,儿子日常的大小事情,他都会参与进来,自主搜索信息,和我们一起判断决策,这让他非常有成就感。现在的他特别喜欢点菜,在观察了我们点菜后,他渐渐可以根据客人的喜好点菜,也会根据餐厅菜品的价格来进行荤素搭配。别小瞧这些日常,点菜也是有学问的,背后都是批判性思维的力量。

批判性思维不仅是一种重要的信息筛选能力,而且是未来核心素养的基础。培养孩子面向未来的21世纪核心素养是全球父母的共同追求，咱们不少父母可能也开始关注到21世纪核心素养在国内不断地扎根、落地，其中咱们经常强调的5C关键能力，即批判性思维（Critical Thinking）、创造性（Creativity）、沟通能力（Communication）、合作（Collaboration）和文化素养（Cultural Competence）。

在智能时代，如何学会选择，其意义可不单单是找出正确信息这么简单，更是在人类文明和知识增长加快发展、生产方式和生活方式深刻变化的大背景下，赋予孩子的最佳秘密武器——它会让孩子有独立的精神、质疑的态度、实事求是的责任感以及不断反思并且进步的动力，能让孩子在这个乱花渐欲迷人眼的时代里保持清醒。

美国一位研究批判性思维的学者在一篇论文里，提到了批判性思维的三个支柱：第一，具有从个人经历出发，思考问题的意愿和态度。在面对信息的时候，不是一味地全盘接受或者全盘否定，而是要有思考的意愿；第二，具备逻辑分析和推理的能力；第三，具有运用这种能力的素养。

有的人可能掌握了理论，但是他不能把能力运用到实际的生活工作和学习当中来。我们和孩子一起学习甄别、处理、加工和整合信息的过程，就是建立孩子认知体系和思考方式的过程，也是帮助孩子形成思想、影响未来的过程。这是非常重要的一课，也是父母不能缺席的一课。

第七章
Chapter 7

品格的力量

我们在培养孩子的时候,别光盯着短期有用的那些指标,更能让孩子终身受益的往往是那些无用的、看不见的品格。它们会在未来持续滋养孩子的灵魂,让他们真正幸福地成长。

从小培养坚毅的品格

古人对孩子要求"小人之学",孩子从8岁开始就要修习"洒扫、应对、进退、礼乐射御书数",其目的是于洒扫、应对、进退之间,持守坚定,涵养纯熟。所谓洒扫就是做家务,应对就是待人接物,进退是审时度势、领会时机,最后才是"六艺"。不要以为做家务琐碎、无用、浪费孩子的时间,世界上没有任何一样事情不通向真理。

儿子1岁时去医院测试智力,医生告诉我儿子是超常儿童,智商很高,要注意他的性格培养。作为妈妈,听到这样的评论,自然是高兴、骄傲与自豪。随着孩子慢慢长大,儿子的确在语言能力、学习能力和专注力上比同龄孩子表现出明显优势。正是由于他的聪明,让我对他的性格开始有了担忧甚至是焦虑。经常大家聊起孩子时,我说"孩子太聪明,导致有些地方出问题",很多人还误以为我是在炫耀。

儿子确实聪明,他也明显感觉到自己聪明,不论是在知识掌握程度或者是课堂反应速度上,他在班里都是遥遥领先。这很值得骄傲,是不是?但是,我发现如果儿子不是第一名,他就不再愿意继续,有很强的畏难情绪。每个孩子都有自己擅长和不擅长的,儿子在美术、手工、运动等方面明显比一般小朋友要逊色,他就不愿意进行这些项目。有一次,学校举办讲故事比赛,对于爱读书和爱表达的儿子来说,这是一次非常好的锻炼。但他在彩排时发现有小朋友比自己讲得还要好,就不愿意坚持下去了,甚至产生了退出比赛的想法。

其实,孩子的畏难情绪跟智力没有必然联系。但父母过于强调智力以后,孩子降低了后天努力的重要性,更谈不上坚毅品格的培养。针对这种所谓聪明的孩子,需要避免谈及智力问题,多强调事情过程、态度和努力的重要性。孩子都希望引起别人的关注,所以,他总希望他是最好的,我们可能要想办法弱化孩子的这种自我认知。

Grit(坚毅)教育的培养要从小开始,越聪明的孩子越要更早地着手。上幼儿园时,我发现儿子在识字、读书这些方面遥遥领先于同龄的孩子,我就一直想找一个项目能够挑战他。儿子上的这家幼儿园是北京小有名气的公立幼儿园,幼儿园特别重视培养孩子们的音乐素养,3岁的孩子就可以在幼儿园里学钢琴。儿子特别想去,就这样,他成了一名小小的琴童。3岁开始,儿子每天练一个小时琴,从未间断。这些年下来,他从未想过放弃,每次遇到瓶颈,都咬牙挺过来了。

让孩子弹钢琴是让他有机会去追求并完成一件很难的事情，最好是一件有严格纪律和规则，需要长期投入的事。做得怎样并不重要，尽可能坚持去努力才是重点。在这个过程中，孩子也许会很焦虑，但是，当他克服障碍时，他就会真正爱上这件事，并且找到发自内心坚持下去的动力和自信。

从儿子练琴的第一天起，我就制定了时间表和进度计划，然后鼓励他坚持练习。如今，9岁的儿子弹琴已经像模像样，考进了学校的弦乐团，并且开始学习大提琴。我们并不是一个有音乐家学渊源的家庭，也没有打算让孩子将来走音乐的专业路线。两种乐器的学习和训练，是非常枯燥无味的，但为什么我们还想帮助孩子继续走下去呢？不是为了考级，而是为了通过练琴，让孩子养成坚持到底的习惯，培养孩子的持续激情和持久耐力。

宇宇在练习书法时经常会练习写《诫子书》，虽然只有短短几行字，但却饱含了诸葛亮对孩子的期望。"夫君子之行，静以修身，俭以养德。非淡泊无以明志，非宁静无以致远。夫学须静也，才须学也，非学无以广才，非志无以成学。淫慢则不能励精，险躁则不能治性。年与时驰，意与日去，遂成枯落，多不接世，悲守穷庐，将复何及！"据说这是诸葛亮临终前给8岁的儿子写的家书，由于他常年在外征战，无法亲自教育儿子，所以给儿子写下了这段话。

这段话的大意是：有道德修养的人，以静思反省来使自己尽善尽美，以俭朴节约来培养高尚的品德。不清心寡欲就不能志向坚定，不安定清静就不能实现远大理想。要学得真知，身心须在宁静中研究探讨，才能是从不断的学习中积累起来的。如果不下苦功，就不能增长与发扬自己的才干；没有坚定不移的意志，就不能使学业成功；纵欲放荡、消极怠慢，就不能使精神振作；冒险草率、急躁不安，就不能陶冶性情。如果虚度年华，志愿日渐消磨，最终就会像枯枝落叶般一天天衰老下去。这样的人不会有益于社会，只有悲伤地困守在自己的穷家破舍里，到那时再后悔也来不及了。

古人的智慧到今天仍然让人深思。所谓成长，无非是一次又一次突破自己的极限。无论是练钢琴还是做别的事情，这些都只是手段，坚毅的品格养成才是目的。在成长的道路上，一件事接着一件事，坚持不懈地干完、干成、干好，才能逐步奠定会影响孩子一生的坚毅品格的基础。

未来如果有机会，我会带孩子去徒步旅行。不知大家发现没有，顶级商学院课程除了教授商业知识以外，还安排了不少戈壁徒步的项目，其目的就是为了锻炼人的坚毅能力。

作为父母，我们在培养孩子的时候，别光盯着短期有用的那些指标，如考试成绩的提高。除了这些可以立竿见影、可以量化衡量的地方，能让孩子终身受益的往往是那些无用的、看不见的品格——坚毅、激情、自制力、乐观态度、感恩精神、社交智力和好奇心。这些会在未来持续滋养孩子的灵魂，让他们真正幸福地成长。

许多人认为，才能是与生俱来的，我们擅长什么或不擅长什么，皆是因天赋所致，这种认识可能会导致孩子养成轻易放弃的习惯。其实，即便是天才，也需要通过不懈的努力来磨炼自己的天赋。没有人想成为成天念念叨叨督促孩子进步的父母，但在早期教育中，在孩子的意志力还不成熟、品格还在养成之时，适当地用规矩去约束、去监督，的确有助于让孩子懂得自己的责任，知道父母的期望，并且做到更好。

让孩子自己来

有两组很有趣的数据对比,在中国有多于 50% 的学士学位是授予科学、技术、工程和数学专业的学生,而在美国,只有 17% 的学士学位是这些领域的。这使得美国人深深感到了威胁,害怕自己不再是世界创新产权的绝对拥有者。同时,在 2015 年的 PISA 测试中,我们发现,未来想从事科学相关职业的中国学生比例仅占所有学生的 16% 左右,而同比国际平均水平是 24%,美国是 38%。这反映出在这个以科学技术为基础的现代社会中,虽然中国学生学习 STEM,STEM 代表 Science(科学)、Technology(技术)、Engineering(工程)、Mathematics(数学),后来加入了 Arts(艺术),现在又演进为 STREAM,多出来的 R 指的是 Writing(写作),但人们通常还是习惯用 STEM 这个词来泛指科学这类教育。但是,我们的孩子对科学的态度并不积极，对科学的兴趣仍需加强培养。

相信不少妈妈和我一样，对于不少高科技都玩不转，需要被科普和再学习。很多爸爸是IT（互联网技术）码农或出身理工学科，但工作之余，他们能投入到孩子身上的精力并不多。那么，孩子的科学素养到底该如何培养呢？

不少海淀妈妈会告诉你，要趁早培训，开发孩子的智力，编程、机器人、乐高积木课程培训已经成为中国家庭培养孩子科学素养的标准配置。学前教育博士总结了孩子培养科学精神、开展创造性活动的MOST原则是：M—Materials（合适的材料）；O—Objectives（一点点的目标）；S—Spaces（足够的空间）；T—Time（充分的时间）。也就是说，我们不一定要去培训班培养孩子的科学素养，只要给孩子提供合适的材料和目标，让孩子自己动手做，就会收到很好的效果。

如果我们把眼光放开就会发现，德国是科技大国，盛行的"华德福教育"却是以放养为主；在教育水平世界领先的芬兰、瑞典，很盛行的"森林幼儿园"则倾向于回归自然的简约主义；走进美国谷歌的幼儿园，你会看到里面也没有什么高科技的玩意儿，反而是杂货铺、厨房、木工室、裁缝铺一字铺开，凡是任何和"手"有关的设备配置得特别齐全。

所以，如何提高孩子的科学素养呢？依我看，不一定是特意报名参加培训，而是注意留心日常生活中的点点滴滴。很多小事，我们有意识地不帮孩子代劳，给他们自己动手的机会，慢慢提高孩子动手的能力。我们孩子的时间都用来学习知识和参加兴趣班了，没有时间去动手、去实操，就连科技素养的提升也是花钱去培训如何搭积木，但其实，科学素养的基础恰恰是日常生活中的动手能力。

在欧美国家，孩子在家帮助大人除草、打理院子、修理家具和缝缝补补的场景比比皆是。西方父母也很注重让孩子自己叠被子、整理衣物、收拾文具、做饭烘焙、洗衣服、使用家里的各种电器等。我们也可以让孩子尝试去做家务，一方面为了培养孩子自己的事情自己做的责任感，另一方面是锻炼他们的动手能力，培养他们的科学素养。

孩子到了一定的年龄段，都特别希望自主做一些事情。比如说要出门，他特别想自己穿衣服，但是，很多父母这个时候会认为孩子自己穿太慢，浪费时间又耽误事情，不由分说立马帮孩子把衣服穿好。殊不知，这样做反而影响了孩子自主动手意识和能力的发展。

当有一天，我们发现孩子开始喜欢说"我自己来"这句话时，孩子们的自我意识和自主动手能力就已经开始萌发。他们会想要自己吃饭，自己穿衣服，哪怕很多事情，他们没有能力做得很完美，很多技巧也没有真正掌握，但到了一定的年龄，他们自然就会对这些事情产生兴趣。父母只需要顺其自然，在保证安全的情况下，在他们需要的时候从旁协助一下，千万不可过度阻挠。说不定，你会看到他们小小的身体里蕴藏着大大的潜能，时不时就能给你一个惊喜。

多年前到美国旅行，我在闺蜜家小住。当时她女儿才6岁，早上起床我就闻到一股浓浓的咖啡香味，原来，她女儿搬了一把小凳子，自己爬到厨房的台子上，用台子上的咖啡机给大家煮咖啡，还给我们烤了吐司。每个人一杯咖啡、两片吐司、一个香蕉，全家人的早餐就做好了。虽然她的动作很不熟练，但是，她对自己能给我们做早餐这件事感到自豪。后来我发现，不少国外家庭都会把给全家人做早餐的任务交给孩子，因为这种参与感对孩子来说真的太重要了。当孩子开始喜欢各种角色扮演，如女孩大都喜欢过家家，扮演妈妈、医生；男孩喜欢扮演英雄、战士，就说明孩子开始想要参与到家庭和社会生活里，开始尝试寻找自己在其中的位置。

培养孩子的科学素养，其实是让孩子把知识运用到生活中。在欧美国家，小学高年级的学生就有如焊接玻璃、制作太阳能汽车、搭建乐高等需要动手创作的项目。孩子对科学的爱和兴趣，只有通过动手做，以及在实践中不断地学习，在创作中不断地获得成就感，才能更好地引导和发展起来。如果有了日常的动手基础，成了生活小能手，再来学习科学素养的课程就会更加有效。

那些稀奇古怪的问题

生活在北京，尤其是海淀，无论怎样调整心态，对于孩子的培养，我总免不了有点虎妈情结。艺术、音乐、体育都需要童子功，还要齐头并进——每天儿子弹一个小时钢琴，现在又要加一个小时大提琴，除此之外，他还要完成功课、打球、写字等。

和我一样，鱼与熊掌都想兼得的妈妈，在中国不在少数。孩子每天的时间都被安排得满满当当，既希望他能练习好所学的每个单项，还希望他能有时间放空自己，让思维天马行空，让创新有点土壤。然而现实就是，不论是钢琴老师还是大提琴老师，不论是书法老师还是游泳教练，都希望孩子在自己的科目上多投入、多练习，这样才有更显著的学习效果。

重视孩子教育的每一个中国家庭、每一位妈妈，都在精打细算孩子的每个小时、每一分钟。于是乎，孩子的不少事情被我们代劳了。很多妈妈发现，孩子在学习了英语、语文、奥数等学科知识之后，再加上钢琴、足球、画画等兴趣培养，实在没有时间学习机器人、编程和乐高积木。焦虑的父母们不禁想问：到底要取舍哪一项呢？

我曾经也陷入这样的思考中。从美国兴起的 STEM 教育，近年来在全世界掀起了一阵热浪，在华人社会也不例外。作为男孩的父母，尤其是在目前阶段并没有投入太多精力去培养孩子科学素养的男孩父母，不能免俗地焦虑起来。但是，在童年时代培养孩子的十八般武艺，让他们样样都学肯定是不现实的。

PISA 对科学素养的定义是：作为一个有反思精神的世界公民，应有能力参与和科学相关的事务。我们传统的关注点可能更多的在"科学"这一边，实际上，它的精粹反而在于"创造"，尤其在于"造"——多多鼓励学生动手"造物"。如果这个"物"具备一定的科技含量，那么，这样的教育活动肯定不会偏离培养科学素养的初衷。

培养科学素养的关键，更在于弥补传统教育里"重理论、轻实践，重动脑、轻动手，重学习、轻应用"的不足。当孩子解决的是真实世界中的问题时，他们自然就会成为一个更有影响力的人。

每个孩子都有自己的兴趣、爱好和擅长点。在孩子小时候，咱们尽可能不要给他们设限，让孩子从小接触到多元多领域的知识，形成更包容、多触角、跨学科的思维，对他们未来选择愿意深入研究的领域将更有帮助。所谓具备科学素养，不一定是精通编程或能搭出漂亮积木的人。有好奇心、探索欲，能够动手把想法变成现实的孩子,在未来具备科学素养的可能性会更大。

所以,培养兼具知识的宽度与思维的深度、艺术的灵感和科学的精神的孩子是我们未来努力的方向。而科学的精神更多地指向清晰的逻辑、实证的精神、创新的动力、怀疑的态度以及独立思考的能力。科学素养要从生活中的点点滴滴开始培养,最终成为孩子直面未来关键能力的一环,他们才能在这个充满一切可能的世界里找到属于自己的路。

探索精神是孩子认识世界和主动学习的动力,对孩子的智力发展非常重要,会影响孩子的一生。无论孩子将来学什么、做什么工作,拥有对周遭一切旺盛的好奇心、喜欢大胆探索的科学思维一定是他们成功的必备要素之一。

但是,我们这一代几乎都是独生子女,小时候,那简直就是全家唯一的希望,于是,父母不自觉地对我们过度保护,一边欣喜着孩子成长的点滴,一边为孩子的一切行为担心,甚至不能忍受孩子的探索行为,因为这些行为可能会给他们带来麻烦。

有的小朋友两岁时就自己吃饭,虽然吃得一片狼藉,但是仍然津津有味地吃;有的妈妈却不想让两岁的宝宝自己吃饭,感觉孩子吃完还要收拾,不如喂孩子吃更加省事。4岁的孩子很想爬到矮矮的小树上去看鸟窝里的小鸟,大人却担心孩子在爬树的过程中摔下来,赶紧说:"不,不,不行!"……类似的例子举不胜举,我们只看见了孩子的"任性",却忽视了孩子的成长需求,实际上,这样会扼杀孩子的探索欲望和行为。

孩子在成长的过程中,经常会问许多稀奇古怪的问题。"为什么太阳会发光?""为什么汽车能跑呢?""为什么轮船是在水上走的呢?"很多父母对此感到十分困扰,有时候甚至因为孩子提出的问题太多,而异常烦恼。

爱因斯坦指出,"提出一个问题往往比解决一个问题更重要"。提出问题说明孩子在思考、在探究,他在运用自己的大脑探索这个丰富多彩的世界。面对这个时候的孩子,我们一定要珍视孩子提出的问题,千万不能敷衍了事。如果面对孩子的提问,我们的回答是:"去去去,哪有那么多为什么?!"那么,孩子的逻辑思维能力很快就会被扼杀!最好的做法是引导孩子去探求答案。

很多时候,孩子提出的问题如果我也没有答案,就会虚心听孩子讲,带着孩子一起到书上、网络上去寻找答案。作为家长,我们不要去比权威,真实面对育儿中的问题,和孩子的距离就会更近,一起学习、研究和探索的精神也会感染给孩子。

提出问题是科学探究的起点和动力。孩子能够提出问题,说明他对这个问题产生了兴趣,迫切希望能得到答案;说明他的大脑在思考,想要知道问题背后的逻辑。我们要珍惜孩子提问的时期,因为这是培养孩子逻辑思维的最好机会。在寻找答案的过程中,孩子也学会了应该如何寻找资料、如何解决问题。

家有男孩的父母都会有这个经验:家里的很多玩具都被孩子拆得七零八落,看到家里乱七八糟,父母会忍不住气急败坏地训斥孩子。其实,静下来想一想,孩子拆玩具的背后,是他在探索这个东西的结构,他想通过动手来搞明白这个东西运转的奥秘。

许多孩子都喜欢画画,当孩子还无法用文字来表达自己的想法时,他们会用图画来为自己"代言"。只要我们告诉孩子应该在什么地方画画,就可以让孩子随意去表达自己。因为孩子的想象力十分丰富，在他们的世界里，太阳可能是红色的，也可能是黄色，还有可能是黑色的。这并没有对错，孩子只是在用他们丰富的想象力来表达他们心中的世界。

孩子对这个世界充满了好奇。但是，如果孩子的好奇心仅仅停留在好奇的层面上，那么也仅仅是好奇而已，他们还需要去探索和体验。当孩子把一个好端端的闹钟拆得七零八落时，当孩子在玩具上随意涂抹色彩时，他的这些行为看似带有破坏性，但也恰恰是孩子对事物的最初探索。

第八章
Chapter 8

留白天地宽

实际生活中，很多问题是没有标准答案的。思考问题的角度不同，就会得到不同的答案。如果我们不懂得换位思考，只是站在自己的角度去思考问题，总是给孩子提供自以为是的标准答案，那就等于关上了孩子观察世界的一扇窗。

批评与鼓励的正确打开方式

　　每个孩子都有上天赠予的独特礼物,你在音乐上有灵性,他在数学上有天分,孩子都有创造力。作为父母,我们可以在日常生活中留心观察孩子,发掘孩子身上的特点,保护孩子的创造性,多肯定孩子优秀的一面,尽量树立孩子在擅长领域的自信。

　　最扼杀孩子创造力的就是不假思索地批评。如果我们总是给孩子负面的评价,即使孩子有想法、有创新的意识,他也会因为受到批评而不敢大胆表达自己的想法。

　　宇宇6岁的时候,曾悄悄地跟他爸爸说:"我知道妈妈是为我好,但她很少表扬我,老批评我。"当时听到先生给我转述这句话时,我真的很震撼,也很难过。我第一次意识到,一个只有6岁的孩子,在我的严格管束之下,几乎没有任何还手之力。虽然我们管教孩子的出发点的确是为了孩子好,但是,我们很有可能是打着"为了你好的名义",在做着对孩子成长不利的事情。

在这样的环境影响下,孩子即使有奇思妙想,他也无法大胆施展自己的拳脚,会因为害怕受到批评而逐渐压抑自己那些可贵的大胆想象。牛顿在被苹果砸到的时候会思考"苹果为什么会往下落",但是,一个一直受到批评的孩子在被苹果砸到的时候,可能只会想:"为什么受伤的总是我?"

在被父母劈头盖脸的一顿批评后,孩子内心里只有恐惧,他根本不知道自己为什么会被骂,父母的批评也没有达到他们想要的目的。其实,我们并不是想要孩子害怕我们,而只是希望他能认识到自己的错误,并改正自己的错误。那么,最关键的问题就是不发泄怒火,而是要心平气和地和孩子交流,让他认识到自己的问题所在。

我知道要做到这一点很难,尤其是当我们一次次耐心地好好说,而孩子仍然一而再、再而三地犯错时,那股无名的怒火确实在我们心中燃烧。但是,反过来想想,我们之前所谓的千叮咛万嘱咐,可能并没有让孩子真正地理解,说到底,其实是因为我们的沟通没有做到位。再者,孩子毕竟年龄小,理解能力也有限,我们要给孩子成长的时间和空间。

反之,如果孩子犯下的错误是触及底线的,而且他并没有意识到,这个时候我们一定要有态度,明确甚至非常严厉地告诉他,这是绝对不行的,这是底线。批评之后,过一段时间等他情绪缓和一点,再来和孩子沟通批评他的原因。

尊重并肯定是提高孩子积极性的有效方式。孩子的积极性和做事的动机有时候是很短暂、很微弱的，孩子的创造力也是转瞬即逝的。如果孩子在提出自己的想法时得不到积极的回应，那么，他的想法也许很快就会消失。甚至有的父母态度冷漠，还横加批评，那么，孩子的积极性就更会受到严重影响，这对激发孩子的创造力非常不利。在这个竞争极其激烈的现代社会，是否具有创新思维对孩子的未来发展具有非同小可的影响。

相反，尊重孩子，不断肯定孩子的想法，则会让孩子受到鼓励，他就会更有勇气去不断尝试、不断提出新的想法。孩子有了自主选择的自由，他就敢于放手去尝试，并乐在其中，由此产生独特的见解。孩子经常会有很多奇思妙想。比如说孵蛋这件事，有的孩子把鸡蛋放在被子里，想要孵出小鸡来；有的孩子则天天给鸡蛋浇水，想要鸡蛋也能生根发芽，"结"出更多的鸡蛋来。也许在有些人看来，孩子的这些想法实在是幼稚得可笑。但是，谁又能完全否认，在这些奇思妙想背后，一定不会发生神奇的事情呢？牛顿看到了苹果掉在地上，发现了伟大的地心引力；莱特兄弟看着天上飞翔的鸟儿，制造出了飞机！正是因为有了这些奇思妙想，我们的世界才会越来越丰富多彩！

有的父母会认为只有对孩子说教，孩子才能听话。而事实可能是，得到尊重的孩子，才有更多的自主性和能动性，性格更积极向上。但是，任何事情都有一个限度，过犹则不及。一味地鼓励，即使孩子做错事情也任由他去，就会让孩子在错误的道路上一去不返。孩子就像一棵幼苗，在父母爱的浇灌下，在学校阳光的照耀下，在社会雨露的滋润下，逐渐长大。在这个过程中，他可能受到诱惑，长出了旁生的枝丫。此时，父母如果还是一味地给他肯定，让他自由生长，那么，他很可能意识不到自己也有需要修正的地方。

自信的孩子内心往往很坚定，即使别人指出他们的缺点，他们也总是能看到积极的方面，他们的身上总有闪光点让我们感到惊奇。Miranda是我的"90后"小闺蜜，是一个超级自信的姑娘。她是剑桥大学毕业的，不到30岁已经成为美国最知名的在华教育测评机构的掌门人，自己也是一名辣妈，可以说她本人就是成功教育的代表。

Miranda有一个观点我特别认同，她说："一味地光正面鼓励未必是好事情，因为孩子就不知道其实自己还有很大的潜力，或者说自己有什么错误。所以，批评有时候并不是一件坏事情。如果现在有人愿意给我提一些批评意见，我都觉得非常感激。因为能给你提出批评意见的人，其实他们是很有勇气的，而且他们是真正在帮助你，在意你，希望你能够更好。"

Miranda不觉得批评一定是很负面的，虽然她受到过批评，但是，她给别人的印象却很阳光。即使她被批评了，她还是能相对比较理性地抽离出来，站在他人的角度想想自己是不是真的有错，然后去反思和改正。

批评和鼓励都没有问题，关键是什么时候去批评和鼓励，以怎样的方式去批评和鼓励。在幼小的孩子面前，大人就像是他们的指路人，我们所说的每一句话都可能对他们产生影响。所以，我们首先要做的就是调整自己的情绪，鼓励不是敷衍孩子，批评也不是为了发泄自己的情绪，而是为了让自己和孩子的沟通更加理性、客观，更容易被孩子接受。

有时无须标准答案

过去传统的应试教育更加强调学生要记住很多知识，甚至有的学校考试前，老师还会把题目的标准答案告诉学生，然后让学生去背诵。但实际生活中，很多问题是没有标准答案的。思考问题的角度不同，就会得到不同的答案。这种给出标准答案的做法，实际上就是让孩子们不再去思考，因为他们只需要记住答案就可以了。当然，现在的教育方式已经改变了很多，老师也会提供很多开放式的问题让孩子去思考和交流。

同样一件事情，从不同的角度去看，可能得到的结论完全不同：站在父母的角度看，可能应该这样做；但站在孩子的角度看，可能需要的是另一种做法。如果我们不懂得换位思考，只是站在自己的角度去思考问题，总是给孩子提供自以为是的标准答案，那就等于关上了孩子观察世界的一扇窗。

孩子看世界的角度与我们大人往往不同,因此,孩子的世界与我们的想象也相去甚远。

国外对启蒙教育特别重视,越是低年龄段孩子的老师,要求的学历水平越高。宇宇小时候也上过早教班,有一次上课时,老师给每个小朋友发小汽车,让大家用小汽车的轮子来画画。有一个小朋友年龄很小,他可能并没有理解老师给他汽车的真正含义,以为是要玩"我要收集更多的小汽车"的游戏。他跑到另外一个小男孩的面前,拿走了他的小汽车。本来那已经是人家的小汽车了,他却都搬到了自己的座位上。被人拿走了小汽车的小男孩腾一下站了起来,站在旁边的小男孩妈妈愣了一下,以为小男孩站起来是要把属于他的小汽车拿回来。结果,小男孩把自己的汽车都送给了那个年龄比他小的小朋友。

小朋友的思维方式和理解世界的方式其实和我们大人有很大的不同。如果我们第一时间就站出来去阻止小朋友,可能就阻止了小朋友之间的善意流动,破坏了世间最美好的一幕。我们不要总是太自以为是地去纠正孩子,也许,孩子做得并没有错呢?

前段时间,Teddy在深圳的一所国际学校做创新项目实验,一对一地访谈学生。跟其中一个女生聊的时候,这个女生说她没有想到要做这么多事情,她说她太累了,不想做这么多事儿。项目制学习需要参与者自己做研究,主办者就对这个女孩说:"你可以把你自己的想法变成现实,并且展示给大学教授,这难道不是一件好事吗?你坐在那里,老师让你干吗就干吗,你不觉得无聊吗?"女孩说:"我不觉得,我就想坐着。"

我们都相信,这个孩子并不是个不知上进的孩子,但是,她从小到大,一直是父母、老师告诉她需要做什么,她习惯了坐着等别人告诉她要去干什么,等别人告诉她答案是什么。到十七八岁的时候,她就已经习惯了不去思考。可是,总有一天她会长大,她会发现没有人告诉她应该怎么做,没有人会把答案摆在她面前。

社会上不乏这样的人,他们可能是传统意义上的好学生,但进入工作单位以后,他们不勤于思考,工作缺少主动性,更多的是勤于做,领导让做什么就做什么,这种人最终很难在职场上走得更远。

在实际生活中,并不是每件事情都有一个标准答案。人们需要自己去发现问题,从而解决问题。如果孩子从小就形成任何问题都有标准答案,习惯了等待别人来告诉他应该怎么做,没有养成自己发现问题的习惯,那么,他就不可能在生活中、工作中有所创新。

会犯错的,才是孩子

我们要保护什么?要保护孩子的灵感,激发更多的创意。当然,创新背后肯定饱浸着汗水,空谈灵感是空中楼阁。我们在陪伴孩子成长的过程中,最需要做的还是尊重和接纳,不仅鼓励他们天马行空地想象,有可能的话,也要允许他们因为思维的活跃度和跳跃性犯错。如果通向创新有捷径的话,那一定是无数个错误铺就的。

在纽村上学时,儿子有一个作业本叫"Poetry Book"(写诗的本子),他每天都要写作文,写自己的感受,想怎么写就怎么写,本子上面一半可以画画,一半可以写字。孩子写出来的东西往往是连写带画,看似随意,却想象力十足。

作为英语老师,我不自觉地发现里面有好多语法错误。职业病的缘故,我有点想给孩子纠正,但我看见教室里张贴的学生作文时,发现每篇都有小瑕疵。我和老师交流,为什么不告诉孩子正确的语法呢?老师告诉我,最重要的是保护孩子创作的热情,保留童心和思想的天马行空,让他们没有任何藩篱地去思考和想象。如果用语法框死孩子的思维,孩子可能无法发挥。而正确性是可以随着孩子长大,不断地学习,慢慢掌握的。

同样是英语老师的宇宇爷爷,作为中国传统一代的英文系教授,他是一定要把错误的语法给孩子纠正过来,正确的语法认真讲清楚的。讲了几次后,发现孩子写作文不知道该如何下笔了,老在想语法。在几次碰撞和交流后,我们终于达成了共识——写作是孩子表达自己的方式,要表达的内容比如何表达更重要,我们先让孩子养成用文字表达的习惯,再逐步完善孩子如何表达的方式。后来,儿子爷爷留心收集孩子在不同场合中的语法错误,专门归纳总结讲给孩子听,让孩子以后有意识地关注,这也不失为一种中西合璧的方法。

在纽村上学的时候,宇宇非常喜欢写作。他完全感受到写作是个人情感和思想的表达,也就养成了喜欢写作的习惯。回国以后,写中文作文,他的文笔也不错,似乎在纽村的学习对写作的感觉和基础还是有点帮助。

美国曾经有一个调研,把美国获得诺贝尔奖的科学家和美国国家科学院院士跟一般的科学家来做对比。差别在什么地方?结果发现,差别不在科学素养,而在写作。获得诺贝尔奖的要比一般的科学家写作能力高20倍。而写作能力其实对于孩子也是一个挑战,孩子们的困境不外乎是不知道表达什么,也不知道怎么表达,学习了太多写作的套路，却忘了写作其实是自我的一种表达。

在纽村的时候，我好多次回家后看到儿子在认真地写写画画，问他在做什么，他会煞有介事地说："我在写首诗，一会要配幅图。"有时候，我心中有点感慨。我记得几年前刚去纽村的时候，家里连床都没买，也没买电视，每天晚上百无聊赖，就躺在地上的瑜伽垫上听蒋勋先生的节目。这样的日常伴随着我们刚到纽村的那些日子，我当时觉得他好啰唆好啰唆，但符合纽村的慢。他有一句话，我至今记得："我们应该给孩子最好的音乐，最好的文学，最好的电影，让他在里面自然地熏陶。"

其实，咱们中国古代的教育里是有这些元素的。国民的文字能力很强，我们应该在中华文化里找寻并复兴这些优秀的传统，同时有意识地观察，借鉴西方教育的可圈可点之处。回到北京以后，国内的大环境让我们的生活无比忙碌，似乎儿子写诗的闲情逸致也很少见了。

在纽村和北京两地上学，儿子有机会接触两种完全不同的教育方式。我曾经问他两个学校的教育有什么不同，儿子告诉我："在北京，老师总是让我们少犯错误；而在纽村，老师会鼓励我们不要怕犯错误。"纽村太松散，国内有点压力，在这两种文化中切换，儿子受益不少，最明显的就是语言优势，中文和英文都很棒。当然，在行为举止和思维模式上，儿子有时候也会有点懵圈。

是否允许犯错，对于孩子来说，这简直就是地狱和天堂的差别。在不能犯错的紧箍咒之下，人的精神时刻处于高度紧张状态。弹簧如果长期紧绷，要么绷断，要么失去弹性。人长期紧张，难免也会疲惫。我们终究只是个平凡的人，犯错是常态，做不好也是正常，谁也不能保证自己永远都是 Number one。

之前看过一档综艺赛事，有个情景给我留下了深刻的印象。两位同龄的中国男孩和意大利男孩同台比赛，看谁能在最短的时间里记住 102 位新郎新娘的排列顺序，然后用人偶复位。

根据比赛规则，意大利男孩先说出自己的排列顺序，结果他的答案完全正确。令人没想到的是，站在一旁的中国男孩突然开始失声痛哭。主持人连忙问中国男孩怎么了，中国男孩哭泣着说："我记住了，可是排错了！"

于是在全场嘉宾和父母的劝慰下，中国男孩鼓起勇气说出了自己的排列顺序，结果也完全正确，甚至比意大利男孩用时更短。所以，他才是这场比赛最终的胜利者。

这时只见意大利男孩也忍不住开始落泪，主持人就问他怎么回事。意大利男孩说道："我看他哭得这么伤心，也觉得很难过。"他是因为同情中国男孩才哭的。

咱们的孩子从小承受的压力太大了，他们害怕自己犯错，因为犯错就意味着会受到老师、父母的批评。因为害怕犯错，他们有时候会言不由衷地说着不属于他们这个年龄的"成人话语"。可是，孩子终究只是一个孩子，大人还会偶尔犯懒，孩子为什么就不能犯错呢？只要不涉及原则性问题，给孩子犯错的空间，尊重孩子的"错误表达"，也许，我们的孩子才能更快乐地成长，才能拥有更幸福的童年。

好奇心引领学习力

我们都知道需要培养孩子的创造性思维,但是,实际上我们却总是听到人们说"中国人缺乏创造力"。缺乏创造性的根源在于我们从小就被教育要听父母的话,要听老师的话,要听大人的话……我们不习惯于去批判和否定,于是,在这么一个任何事情都有标准答案的环境里面,创造性思维是无从谈起的。

宇宇的爷爷退休前是大学教授,教了一辈子英文。他早年留学加拿大,每每谈起教育,他总是忍不住会吐槽应试教育:总是强调要记一些东西,背一些东西,甚至考试出题,老师还要把参考答案都写出来。学校不放心,生怕老师给学生批改试卷的时候太随意。所以,学校通常出 A、B 卷,然后给出参考答案,包括应用题、文字题都要写出答案。

死记硬背的学习方式，孩子肯定是不喜欢的。但我们的教育从小学一直到大学，都存在这样一个问题。父母需要引导孩子，同时，还要在这个过程当中发现孩子的兴趣在哪儿。不是所有的人都对数学感兴趣，也不是所有的人都对文学感兴趣。我们不能要求一个人什么都擅长，实际上有些文学大师，他的数学可能考零分。

应试教育的问题在于学生总是要去记忆知识点，而没有注重学生的创新能力。在应试教育的影响下，学生可能掌握的知识很多，但很难有创新。我们说一个人知识很渊博，通常就是说这个人能背很多东西，甚至写文章也是强调、讲究能够引经据典。但其实，重要的不是我们知道别人都是怎么说，而是我们自己的观点是什么。

世界上很多问题不是由老师提出的，而是需要孩子自己去发现。提高孩子独立思考的能力需要各个方面的共同努力，父母需要注意保护孩子的好奇心，学校的老师也可以经常提一些启发性的问题，激发孩子的思维。并不是所有问题都有标准答案，也许学生写出来的答案，老师都没想到。鼓励创新，别人想不到的，你想到了，这样的人才是真正具有开拓性的人才。

我们很多时候会在不经意间磨灭孩子的好奇心和对学习的兴趣，所以，有的孩子到大学就厌学了，因为他之前上学的时候学得很苦，就像苦行僧一样。上了大学，他觉得自己熬出头了，这个时候，孩子就会厌学。一个人一生都能对世界保持着巨大的好奇心，这才应该是教育的终极目标。

如果教育以考试为目的，学生每天就是做题刷题，这种学习模式的坏处很明显。它会非常枯燥，孩子无法获得学习的快乐，似乎只要通过考试就万事大吉，至于这个知识到底有没有真正掌握，人们并没有特别在意。但它也有一个优点，因为所有的考试实质都是回看，反复思考、关注细节、精准定位，孩子经过这种枯燥的训练之后，他习惯于很谨慎地去思考一些问题。

在教育行业里有一种学习模式是探究式学习。探究式学习有两个主要角色：第一个是学生，第二个是老师的学术能力。

探究式学习有一个很大的好处，它可以激发孩子的好奇心。用探究式学习培养出来的孩子对什么都很好奇，对什么都很感兴趣，活泼机灵。不过相对而言，他们会有点浮躁，在学习的时候静不下心来。同时，如果单纯应用探究式学习模式，会导致孩子探究的深度和广度有限，这也是在目前学校里普遍存在的问题。但我们可以应用探究式学习让孩子对学习产生兴趣，然后再来培养孩子的学习力。

培养孩子的学习力首先要专事专办，不要去否定孩子的生活，考完试之后，让孩子也能拥有一定的娱乐，保持孩子的学习乐趣。如果丧失了学习乐趣，孩子就会失去学习热情。

如果孩子在考试中没有取得好成绩，也千万不要劈头盖脸地批评孩子，这样往往容易以偏概全，孩子也会感到委屈，进而产生逆反心理。经过父母狂风暴雨的责骂，孩子下次考试就一定能考好吗？实际上之前没有理解的知识点，他依然没有搞明白。很多孩子被批评了，但是他并不知道自己错在哪里。

有意识地培养孩子长时间学习的能力也很重要。很多孩子都坐不住，他接受不了连续两个小时的持续学习时间。这个时候，我们可以有意识地培养他的专注力，比如以一个小时为单位，让他专注于做一件事情，大人绝对不去打扰他。经过多次这样的训练，你会逐渐发现孩子能坐得住、沉下心。其实,换一个角度来说,孩子并不是绝对坐不住,你让他花一个小时做他自己喜欢的事情,他肯定一动不动地坐在那里,沉浸在自己喜欢做的事情里。所以,关键问题不在于是否坐得住,而是他正在做的那件事情是否能抓住他的心。

第九章
Chapter 9

看不见的竞争力

孩子要有终身成长的能力。我们要学会适当地放下,除了可衡量的外在标准,也要关心不可衡量的内在成长。成功的定义一直在变化,大多数人既不想输了现在,也不想输了未来。但是,无论时代怎样变化,一个人格独立、内心强大、终身保持好奇心和学习能力的人肯定不会是永远的失败者。

两月龄,开始"读书"

进入学龄阶段的孩子,让大家最头疼的就是学习问题了。常常听到有人抱怨孩子注意力不集中、爱动、坐不住、写作业拖拉,成绩上不去……一顿数落后,最后还要感慨一句:他真的不喜欢学习。

不自由,束缚天性,压抑本能,这些都是孩子学习时必须直面和克服的问题。所以有人说,喜欢学习,本身就是伪命题。

如何让孩子真正爱上学习,从而自主自发养成终身学习的习惯?这个问题我曾经思考过很多次,也在很多学生身上实践探索过,虽然掌握了很多零碎的理论和方法,但都没有系统实施过。直到儿子出生,从什么都不懂的新手妈妈到一点一点摸索出自己的育儿经验,不知不觉中,我在儿子身上找到了这个问题的答案。

儿子从两月龄开始"读书"。当时,我带着58天大的儿子上早教课，听老师读书。回到家里，我还准备了很多黑白闪卡，买了五花八门的布书、洗澡书、手偶书和动物书。这些书没有文字，只有图片，与其说是书，不如说是孩子的玩具。但是，在摸一摸、翻一翻、偶尔看一眼的"玩书"过程中，孩子和书建立起了亲密的关系。在儿子尚且懵懂无知的婴儿时期，家中已经为他营造了一种随时可以触摸、感知、观察书本的良好氛围。儿子半岁后，我给他买书只有一条原则——多多益善。比如关于颜色的书，我会一口气买10本；有关动物的书，我也至少买10本。有的人不明白同样主题的书为什么要购入那么多，这不是浪费吗？我的想法是，对于婴儿来说，重复性的刺激意味着安全感，有助于形成认知。

在一段时间里，我只安排一两个阅读主题。譬如这个月是"颜色"主题和"动物"主题，与这两个主题相关的书就交替重复阅读。同一内容在不同场景下用不同形式进行重复，成年人会觉得很枯燥，但对于孩子来说，他会在反复确认中获得安全感和成就感。因为他慢慢发现，重复多了，内容越来越熟悉，自己能看懂的书也会越来越多。一下子看懂了那么多书，对于稚嫩的生命而言，他会获得巨大的、难以言表的满足感，孩子的自信心也被顺势培养起来。

同时，当孩子在短时间内大量阅读同一主题的图书时，由于主要知识点相似，熟悉的内容多，不熟悉的内容少，难度大大降低，等于为孩子学习搭建了一个更容易攀登的阶梯，增加孩子自信的同时，也会让他们的知识面从横向得到进一步扩展。比如这本书让孩子认识了牛羊，另一本书除了牛羊，还介绍了骡马，我们准备的书本越多，为孩子提供的精神食粮越丰富，他们可以看到的世界就越丰富。在谈论非洲动物时，小朋友们会纷纷提起斑马、大象和狮子，如果有人说出角马，就会很特别、很厉害，他自己也会觉得很开心、很自信。

在讲故事和陪伴孩子读书的过程中，要首先保证孩子的感觉是愉悦的，让孩子对读书产生兴趣。卢梭在《爱弥儿》中说："当孩子根本不喜欢读的时候，读书对他有什么用处？不能让还不喜欢读书学习的孩子对读书产生厌恶的心情，不能让他体会到读书的苦味，以免过了青年时期，他还觉得读书是一件可怕的事情。"

儿子小时候，我从不强迫他强行记住任何知识，也从来不去刻意考察他。培养阅读兴趣是早期阅读的重中之重，千万不能因小失大。

儿子自主读书是从两岁那年有了点读笔开始的。他每天都要拿着笔点读自己喜欢的书，不厌其烦，哪天没用点读笔读书，他就觉得缺了什么，一副不满足的样子。也是自两岁那年起，我开始有意识地教他认字。走在马路上认商店招牌，每天翻翻识字卡片，逛动物园的时候看到字也顺便念给他听。我对他什么时候开始识字，认识多少字没有硬性要求，也没有专门的识字计划，但是，我为他创造了一个不断重复刺激、不断强化认知的环境，算是家庭版的"场景化教学"吧！旁人看来，我们去逛超市还在指认汉字，似乎有点严苛。事实上，这样随时随地开始的识字游戏，没有硬性任务指标，没有强迫学习压力，孩子感受到的是满足好奇的快乐和增长知识的骄傲。如果要说刻意的话，只有我们身为父母安排这一切的用意——希望他在玩乐中认识一些汉字，为日后自主读书打好基础。

4岁时，儿子大概已经认识上千个汉字和英文单词了。我们给他买了一套民国时期的语文课本，里面有很多繁体字。而他连蒙带猜，加上长辈们的辅导，居然也能慢慢独立阅读。认字以后，他常常看文字书，对图画书反而不那么关注了。因为他觉得自己能认字是一件特别值得骄傲的事情，所以更乐意展示自己擅长的事情。不知不觉中，儿子完成了从图画书到文字书的阅读过渡。

8岁时，儿子开始翻阅《世界通史》和《中国通史》，已经可以和我们有比较深入的思想沟通，表达能力及思考能力都上了一个新台阶。他关心的事情也跳出了自己的生活，开始放眼整个世界以及漫长的人类文明史。9岁时，我给儿子买了kindle，他现在几乎是每天捧着读，读书的范围也不设限，可以自由地买电子书读。

儿子爱读书，对于他来说，阅读是自然而然、随时随地的习惯，是一件让他快乐、享受的事情，甚至是他练习钢琴和大提琴时惯常的休息方式。学习于他，就像空气一样是理所当然的存在，不可或缺。有一天儿子兴奋地告诉我："读万卷书，行万里路。我发现我可以通过阅读了解古人和全世界不同地方的人的思想和智慧，我可以到世界不同的角落体验文化的多元。"

是啊，读书和旅行，是儿子出生后我们一家人一直坚持的两件事。孩子也能感受到从这两件事中自己获益匪浅，有了这种成就感，无论是阅读还是旅行，他都能从中获得快乐和满足。

读书，和娃一辈子要坚持的事

有一次看了湖南女孩卜秋静的演讲，很有共鸣。"父母坚定地认为，获得幸福的唯一可靠途径是一个安定高薪的工作，至于我喜不喜欢那个工作并不重要。"但事实上，卜秋静既不喜欢体操，也不想成为工程师，她的梦想是成为一名黄梅戏演员。

卜秋静在演讲中提到她意识到梦想已无法实现，她开始想方设法改变自己的命运，比如从书中寻找解决办法。因为阅读，卜秋静逐渐变得独立，开始勇敢追求自己的生活。我记得周国平先生曾说过，真正的阅读改变人生，让内心变得丰富、充实。如果一个人的内心发生了变化，哪怕他在外部世界仍在做着相同的事情，但是它的意义是不一样的，那么实际他就是做着不同的事情。在国外旅行时，我们常常看见西方人在飞机上、地铁上、公共汽车上、咖啡厅里、沙滩上读书,似乎对于不少西方人来说,读书是习惯。在国内,以前还偶尔会看到有人在车上翻翻报纸或杂志,而今我们看到的更多是人人都在看手机或追剧。难道我们这个奉行"万般皆下品,唯有读书高"的民族,渐渐丧失了阅读的习惯和乐趣?

培养孩子的阅读力,父母的身教远远大于言传。不读书的父母,很难培养出爱阅读的孩子。爱读书、喜欢买书是我自小养成的习惯,阅读也是我们家人共同的爱好。家里藏书不少,估计也有几千本。工作虽然忙碌,但只要有空,我就见缝插针地阅读,一段时间不看书,我就会觉得自己要落伍。在纽村的时候,家里楼下就是图书馆,宇宇几乎每天放学都到图书馆写作业和读书;在北京,我们每周都去不同的独立书店喝茶、买书。每次买书回家,闻到那股油墨香,我就会有种满足感。

像我和先生这样都是"工作狂人"的双职工家庭,带孩子的重任往往落到老人身上。我想尤其是在北京、上海、广州、深圳这样的城市,这是常态。虽然爸爸妈妈无法每时每刻去陪伴孩子,但是,我们对孩子的教育丝毫不会懈怠,致力于高质量的陪伴,一直是我们的目标。

关于儿子的阅读,我和家人就商量了一个办法:分类阅读,因人施教。根据每个家庭成员的特长制订计划,各自负责不同类型图书的阅读指导,打造儿子的专属读书计划。

我会请外公教儿子古典诗词;爷爷给孩子讲中文故事;外婆唱歌唱得好,外婆就负责教唱中英文歌曲;理工科方面的书,上至天文,下至地理,由理工科出身的爸爸负责;英文书,则主要是我和爷爷陪着读。不能亲自陪伴孩子的时候,我和先生最重要的工作就是坚持监督到位，这里就要提到我们家坚持了很多年的习惯——小打卡。

在儿子养成阅读习惯后，我帮他确定了阅读 1000 本书的目标，严格制订读书计划，细化到每一周、每一天，甚至以每 30 分钟为一个时间段。每周设计阅读打卡表，请家人协同配合读书计划的落实。

阅读打卡表很简单，首列表头是时间、首行表头是需要阅读的图书，每天阅读任务完成打"√"，没有完成打"×"，阅读过程中发现的问题写在表格最下面。表格设计很简单，但要坚持不懈地严格执行就不太容易了。

在这个过程中，我总结了几个执行的原则，以便家人共同遵守：

一是每天都会和儿子确定打卡情况，和他达成一致再填表，让孩子有参与感和自我负责的意识。

二是制定可实现的目标，而不是一蹴而就，一开始就要求每天都完成，每周的表格都是打"√"。别说孩子，就算是成年人都很不容易做到，因此，每周进步一点点就好了。

三是设立对等交换的奖励原则，小目标小奖励，大目标大奖励。儿子现在经常要求的日常奖励是："妈妈，我今天打卡全部完成了，您要陪我一小时喔。"没问题，一个小时高质量的陪伴是我和儿子期盼共享的美好时光。

读书成了儿子最大的兴趣。练琴累了，他提出的要求常常是："妈妈，让我看会儿书吧！"不工作的日子里，找一个阳光灿烂的下午，我带他去独立书店，点一杯咖啡、几块曲奇，两个人各自拿一本心爱的书静静翻阅，就算一句话也不讲，都能感觉到彼此的满足和相互的爱意。

美国内华达大学的社会学家埃文斯,做了一个关于家庭学术文化和孩子教育成就的研究,这个研究覆盖了全球27个国家的73000人。他发现,家长陪孩子读多长时间的书,并不能影响孩子未来的学业发展,而一个家里,有多少本书却是关键性的因素。在美国,如果家庭藏书在500本以上,那么孩子平均就会多受2.4年的教育;在中国,这个差距变得更加巨大,家庭藏书量超过500本的孩子,会比藏书量少的平均多接受6.6年的教育。这个研究揭示了家庭教育的关键点,那就是言传身教,环境熏陶。一个爱阅读的家庭培养出来的孩子,他的阅读力一定是强的,学习力也一定没问题。所以打铁还需自身硬,要想培养出爱阅读的孩子,我们做父母的要先从自身做起。

给孩子讲故事、和孩子一起读书,不仅仅是简单的语言传递和学习力的培养,更重要的是我们与孩子的有爱互动和情感共鸣。我希望儿子是一个情感充沛,内心充盈着爱和安全感的孩子。这样的情感力量,是他在未来的人生道路上走过艰难险阻时取之不尽的力量源泉,也是他拥有丰盈生命底色的内在保障,这才是学习的终极目的。

在伦敦散养的中国娃

几年前,宇宇的堂哥 Lucas 从伦敦回来过暑假,兄弟俩都乐开了花。观察两个小朋友的日常生活,我发现中国和英国教育点点滴滴的不同。先从 Lucas 带回来的成绩单来看吧。

第一次看见 Lucas 的成绩单时,我还是有点震撼,那时候 Lucas 刚刚上小学,这么小的孩子,成绩单写得这么细,可见英国人的严谨。封面上还有 Lucas 画的画,真是严谨中又不失生动。

成绩单的第一页分成了人际、社会、情绪发展,交流与语言,数学,世界观,体育,艺术与设计的表达等六个方面来描述 Lucas 这一年的成长。成绩单中对于 Lucas 的表述非常细致与客观,整体的描述是为了让孩子更健康地成长。成绩单上写着"Lucas 是个热情的孩子,热爱学习,和老师与同学相处得很好,虽然有时候在合作时有点纠结，但是一直在进步。他开始逐渐遵守学校的各项规则，得到表扬后很自豪。他慢慢学着自信，虽然有时候和大人一起时还是害怕自己出错。"尤其在自信这件事上，成绩单几处都提到了，显然英国人是非常看重这一点的。

当看见交流与语言这一部分的时候，我会特别仔细。大概是因为我自己是教英文的缘故，我非常想知道国外的老师怎么看待语言问题。"Lucas 的听力和口语都很不错，上课愿意表达自己的观点，喜欢发言，只是有时候发言时忘了举手。另外，上课听讲他坐不住。"每次听见 Lucas 那一口伦敦腔，就感觉在国内学英语的孩子真是望尘莫及，环境对于孩子语言的习得绝对是优势。

虽然成绩单上说 Lucas 的读写和数学能力还需要加强，但这对于一个到英国才两年的孩子来说，已经非常了不起了。"他已经可以正确地拼写字母，同时运用自然拼读的知识写一些 CVC（元音辅音，Consonant-Vowel-Consonant 的简称）单词。"目前国内的各类少儿英语教学也开始运用这种方式了。

"Lucas 写字时基本都能够记住手握笔的方式，而且开始会写大写字母和运用句号了。"看来国外孩子对于大小写和标点的教学是从小抓起的。

"Lucas 可以运用自然拼读的知识读一些内容，但是还是需要老师的帮助，他更喜欢听故事，而且积极参与课堂讨论。Lucas 可以数 10 以内的数字，并且可以开始理解加减法。可以说出二维的形状，开始对三维的形状有兴趣。

"说到对于世界的理解，Lucas 很喜欢今年学校学的各种主题，并积极在课堂上参与讨论，很喜欢学新东西。而且他很善于发现周围环境的差别，上机的作业都能自己完成。运动上，他很自信，知道安全地运用器械，平衡能力不错，而且积极参与足球和舞蹈课。在艺术课上，他最喜欢尝试不同的材料、工具和颜色。他喜欢画各种车，创作各种有车元素的绘画作品，而且喜欢唱歌和模仿各种动画。"

总结一下Lucas的学习技能，主要在玩耍与探索、积极学习、创造性与批判性思维这几个方面。最后还有班主任对Lucas的整体评价："大家觉得Lucas是个充满活力的小伙子，每天都能让大家开怀大笑，他逐渐可以控制自己的情绪，在玩耍时和朋友们合作。他只是需要注意上课不走神。总体来说进步很大。"

儿子当时4岁半，Lucas 5岁，两个孩子在生活中的表现特别明显地体现了两个国家教育的差异。

案例一：

儿子每天回家要练琴一小时，对于4岁的孩子，这绝对是个挑战。有时候儿子会不想弹琴，Lucas很开心自己不用弹琴，老说："你可以不弹啊。"我也会和儿子说："孩子，弹钢琴是你自己选择的，是因为你和妈妈说你要当个优秀的孩子。如果你不弹也可以，我们就放弃，妈妈也不用每天花时间陪你弹，不过这就是半途而废了。"儿子每次听到这里，眼泪就在眼眶里打转，然后回到钢琴旁开始认真弹。Lucas每次都表示不解。我发现比起在西方长大的孩子，国内的孩子更愿意为了美好的将来，在学习上付出更多的努力。

案例二：

Lucas来到我们家，每天自己洗脸、刷牙、穿衣服、睡觉、吃饭、洗澡、上厕所,生活完全自理。上厕所和洗澡特别注意隐私,每次都要关上门。有时候还会帮助大人收拾屋子。他经常问大家:"Do you need any help?"(你需要帮助吗?)宇宇虽然也会自己做这些事,但是老想要依赖大人,而且每次做完一件事情时,都期待受到大人的表扬。从自理能力来讲,感觉宇宇还是差了不少。而这一点等宇宇到纽村上小学后,更为明显,在纽村宇宇算是全校学业最优秀的孩子了,但是谈起劳动、自我管理,似乎比同龄孩子都逊色。

案例三:

儿子喜欢读书认字、学数学,本能地就觉得学习是一件好的事情。在幼儿园里,老师也比较注重知识的传递,比如让孩子们讲故事。每个孩子都上去讲,这可以看成是同伴压力(Peer Pressure)。但是有一次在幼儿园,老师却告诉我 Lucas 不认同这种理念,上去就说"我不讲故事,我不聪明",就是不讲。中国孩子已经有意识地去学习了,而在英国长大的孩子却不是。

类似的经历,在两个孩子长大后也在发生。宇宇从纽村回来后英文讲得不错,和新西兰小朋友差不多,Lucas 的英文更不用说,标准的伦敦腔。当时我正好在主编一套英文教材,里面需要小朋友配音。我同时和两个小朋友都说了,告诉他们一套中国出版的书请他们配音,书里会写他们的名字。宇宇听了以后非常兴奋,开始着手配音,准备大干一场。Lucas 听完,完全没有兴趣,他不觉得自己的名字放在一套中国的教材里有任何意义,他说"我不想录,没兴趣。"

案例四：

我们一起去逛超市，把两个孩子都放在购物车里坐着。买完后，我想去耐克买双运动袜，推着车走进去逛，结果店员说不可以推着购物车进店，我心想那就下次再买。结果走出来，Lucas拉着我的手说："You should go in and we'll wait for you. I know you want to try it."（你去吧，我们可以等你，我知道你想逛逛的。）我有点吃惊，我说："It's OK. We can go home now."（没事的，我们现在可以回家了。）他很坚持，说："We can wait here. You just go."（我们可以在这里等，你只管去吧。）这时候儿子就开始催我，"妈妈，我们怎么还不回家？"我想他根本没有Lucas的这种意识。

案例五：

我在家也经常运动，几乎每天都跳健身操，每天汗流浃背。两个小家伙有时候也会和我一起跳。有一次，Lucas很郑重地问我："Why you work so hard?"（为什么你这么努力跳舞？）我就简单说："Because I want to be beautiful. You can dance with me."（因为我想要变得漂亮。你们可以和我一起跳。）他很不解，然后说："I think you are beautiful and you don't need to do this. Too much work. I don't think we should do this. This is not for boys to do."（我觉得你很漂亮，你不需要这么做。太辛苦了！我觉得我们不应该做这个运动，它不适合男生。）我听完哭笑不得。

两个孩子在各个方面表现出来的不同，让我感触良多，除了两个孩子个性不同，相信大家都能感受到两种教育的差异。体验了不同国家的教育后，我更加坚定地认为孩子的性格成长远远比知识掌握更重要，所以日常生活中我们需要更加重视儿童的个性发展，尽量安排一些围绕如何让孩子积极地开动脑筋和独立思考的活动。在这个过程中,孩子们不仅获得知识,更主要的是学会学习的方法,培养和锻炼他们发现知识、探索真理的意识和能力。

孩子要有终身成长的能力。我们要学会适当地放下,除了可衡量的外在标准,也要关心不可衡量的内在成长。成功的定义一直在变化,大多数人既不想输了现在,也不想输了未来。但是,无论时代怎样变化,一个人格独立、内心强大、终身保持好奇心和学习能力的人肯定不会是永远的失败者。

走过剑桥大学国王学院

室外活动中的新西兰小学生,释放天性

趣味课堂上的新西兰中学生,求知欲旺盛

PART 4
管与不管

第十章
Chapter 10

沟通的问题

孩子的问题根本上还是父母的问题。我们总说孩子是复印件，父母是原件。如果希望提高孩子的沟通能力，我们自己就要先学会和孩子好好沟通。培养孩子强大的内心，教会孩子适应不同的环境和增强对新事物的判断力，是帮助孩子打下良好沟通力的基础。

听娃说话，要懂他

天上从来不会掉馅饼。如果父母真心在意孩子的沟通能力，就要投入大量的心智、时间和资源帮助孩子。孩子的天性是喜欢且善于模仿的，作为父母，我们在亲子沟通中如果能够倾听孩子的心声，用最自然的态度对待和引导孩子，有了这样的身教，孩子才有可能更好地与人沟通。

我在宇宇学校曾经目睹过这样的场景：

一个孩子跟妈妈说："妈妈，我想要一只小狗。"妈妈也许正在忙着别的事情，对孩子的请求并没有放在心上，只是心不在焉地告诉他自己到一边玩去。

孩子仍然坚持道："不，我想要一只小狗。"

听到孩子还在身边不依不饶，忙碌的妈妈终于怒了："你这孩子，怎么这么不听话呢？"

孩子的心情本来已经很郁闷，听到妈妈这一声怒吼，开始哇哇大哭。

大多数情况下，孩子不会一上来就哭闹，因为他的情绪、他的感受没有被父母看到，所以，他的情绪才崩溃了。作为父母的我们都以忙为借口，面对孩子的需求，缺乏耐心，当孩子积累了太多的负面或消极反馈，就会开始闹情绪。因此孩子哭闹，错误不在孩子，更应该检讨的是父母。如果我们面对孩子的倾诉，耐心倾听，即使我们暂时不能满足他的要求，孩子也能感受到我们对他的爱。

当孩子向我们表达想要某件东西的时候，父母总倾向于解释为什么没有，但是孩子一般都不会听这样的说辞，他们更想要的是自己的需求被人接收到的信号。

在一则故事中，一个小女孩想要一只小兔子，爸爸暂时不能满足她的要求，于是，他对孩子说："真希望爸爸能够给你变出来一只比白雪公主还漂亮的兔子。"对孩子来说，这简直太奇妙了。爸爸接着说："等爸爸攒够钱，就给宝宝买一只比很多很多兔子都漂亮的兔子。"一旦孩子明白父母理解并接纳了他们的感受，他们往往就能从负面情绪中解脱出来。

孩子的问题根本上还是父母的问题。我们总说孩子是复印件，父母是原件。如果希望提高孩子的沟通能力，我们自己就要先学会和孩子好好沟通。培养孩子强大的内心，教会孩子适应不同的环境和增强对新事物的判断力，是帮助孩子打下良好沟通力的基础。

很多行业和领域的高尖端人才都不是当年学校里的尖子生，而是在班级中学习成绩排名中上等，但是沟通能力强、人际关系好的孩子。作为父母，我们可能需要尽量屏蔽外界的焦虑，尽可能避免让我们的孩子处于一个特别恐慌的环境中，让他们有更多的自信，用自己的方式与人相处和沟通。从长远看，这会更有利于孩子一生的发展。

对孩子来讲，用合适的方式去表达自己的情感和思想，是一件不容易的事，学会选择恰当的语言和表情，其实都源自孩子对生活的观察和感悟。

由于受到社会环境和各种条件的限制，现在的小孩不像我们小时候那样可以到空旷的院子里和马路边自由玩耍，他们与同伴的交流机会比我们以前少很多。但孩子在成长的过程中非常需要同龄人之间的交流，我们可以多多创造机会，多带孩子去户外，给他结交朋友的机会。

另外，沟通也不仅仅只是小朋友之间的事情，孩子在家里待的时间可能更多，和父母、祖父母待在一起的时间也更多。如果我们流露出厌烦情绪，不愿意和小朋友交流的话，孩子就会拒绝沟通。

孩子在和小朋友玩的过程中可以学会如何解决纠纷，建立团队精神，而在和家人沟通的过程中，可以学会说话的技巧和艺术。如果大人喜欢和陌生人打招呼，和陌生人交流，孩子也会以父母为榜样，在大人的影响下，他也愿意去跟别人打招呼，也会愿意和别人亲近交流。

不少商界领袖都认为最重要的职场技能是分析与解决问题的能力、人与人之间沟通的能力和写作能力。其中，沟通能力、问题解决能力要比求职者的本科专业背景更为重要。而沟通协调能力不仅是良好人际关系的基石，还能增强孩子的领导力、思维能力，以及将来在公开场合演讲的自信心，会让孩子比单纯学识渊博、智力超群的人更受欢迎、更容易成功，这也就是我们常说的"情商和智商一样重要"。

教孩子好好说话

今天,父母们普遍的焦虑主要和时代有关。广受关注的人工智能带来的不确定性和不可预知性,让父母们不知道如何给孩子们更好的安排。我们的孩子长大后将要从事的工作,大部分现在还不存在,还未出现。而现在的不少工作,等孩子们长大后,可能会消失。什么才是能从容应对时代变化的竞争优势呢?现在,世界各国的专家、教育工作者和父母都在给出自己的判断。

我和不少新西兰顶尖私校的家长沟通时,发现大多数家长都很重视帮孩子找到与他年纪相仿的同伴,培养孩子良好的社交能力。

记得宇宇在英国读夏校时,我认真读过英国国家早期教育纲要(EYFS)。英国人很重视培养幼儿的个人、社交和情绪的发展,提出了"自信和自我意识、情绪和行为的管理、建立关系"三方面目标。其中,"建立关系"可具体为希望孩子可以与他人合作,一起玩,轮流玩。在组织活动的时候会考虑他人的建议和想法。可以敏锐地感受到他人的需求和情绪,并积极地与成人和其他孩子建立良好的关系。所以,时至今日,"情商"可能已经是个过时的概念,现在国际上更流行的说法是"社会情绪能力"(Social and Emotional Skills),其中包括正确地评价自己,调节自己的情绪,激励自己,了解他人情感,善于处理人际关系等五个方面。

社会生活是人之为人的必须,也是人之所以区别于人工智能的根本所在。无论时代如何风起云涌、变幻莫测,教育孩子与人交往之道,让孩子有更强的适应性,能够自由地表达情绪和发展感情,总归是不会错的。

在情商教育中,沟通能力是很重要的一个元素。虽然大多数父母都知道要注重培养孩子的沟通能力,但往往很多人并不知道到底该如何去做。而且,沟通能力是一个没有标准衡量的东西,也使得我们没有在孩子沟通能力的培养上下大功夫。

其实,在日常生活中,我们只需要尽可能地创造更多的机会让孩子去观察、体验,模拟和进行不同场景的社会交往,让孩子用自己的方式去沟通,不用太在意结果。但事后可以和孩子一起复盘,看看哪些沟通是成功的,哪些沟通是可以改进的以及怎么改。

给孩子机会不是刻意让孩子在众人面前表演自己的才艺或者炫耀自己的成就,可以在生活中最常见的、微不足道的场景中去展现,比如去餐厅点菜、去超市购物等。给孩子机会,让他在人生真实的舞台中去感受和经历。

很多人可能会说,孩子那么小,让他去超市买东西、去餐厅点菜，他怎么可能做出正确的选择呢？这个担心并不是完全没有道理。的确，孩子还小的时候，可能他还没有判断决策的能力。这个时候，我们可以引导他。

锻炼表达技能的关键就是——勇敢去说。多表达想法，多和别人对话，多去解决问题，久而久之，沟通能力就锻炼出来了。父母也可以帮助孩子创造更多沟通的机会，比如，经常邀请小朋友一起玩，主动带孩子和小伙伴一起参观博物馆等。一旦形成了一个良性循环，孩子自己就知道应该怎样去沟通。

孩子比我们想象得更细腻，表达不当的地方，他们自己往往都会体察出来。表达需要自信，多次成功的经验就能给孩子下一次表达时的自信。至于用什么样的语言或非语言的方式表达，其实都是很表面的形式，只要在真实的环境中反复、有目的地训练，孩子就会有进步。

孩子虽然年龄小，但是，我们不能把孩子当作毫无思考能力的人来对待，跟他交流的时候，尽量用和成年人交流的口吻来说话，互相沟通、互相协调。遇到或看到一件事情时，可以和孩子讨论，试着让他说出自己的想法，同时告诉他你对这件事情的认知。在不断的交流过程中，孩子就会逐渐学会思考、学会沟通。我们和孩子的关系也会越来越平等，越来越融洽。

言传不如身教的道理大家都懂，关键是我们能否成为孩子的榜样。只有我们和孩子做到了平等和有效的沟通，孩子才有可能在日常交往中建立良好的沟通习惯。蔡元培先生曾说过，决定孩子一生的不是学习成绩，而是健全的人格修养。想要培养孩子健全的人格，父母首先要做的就是改变说话的语气和方式。

有人这样比喻教育：让你在皮肤上感知世界冷暖之前，在心灵上先搭起个世界观的台子。沟通也是一样，用心感知，每一次沟通重新复盘，积累良好沟通的经验，不断复制，建立起良好沟通的习惯。让孩子按照自己内在的节奏，慢慢学会用自己的方式去和世界、和他人对话。

与孩子互相理解

多语言环境下长大的儿童会成为更好的沟通者。语言和社会发展专家解释说,相较于仅处于母语环境下的孩子,他们有更多的机会接触到谁对谁说了什么,观察在运用语言的过程中形成的社会范式,从而更早地养成理解别人观点、换位思考的能力。

沟通中最重要的两个因素:一是同理心;二是换位思考。所谓不会聊天,通常是指一个人缺乏倾听、理解、回应他人想法和感受的能力,总称缺乏沟通力。学会表达之前,孩子更需要做到的是倾听他人,理解他人的诉求。我们如果希望孩子能做到这一点,父母平时就需要学会先倾听孩子的心声,真正站在孩子的角度为他们着想。

年龄小的孩子吃饭普遍比较慢,妈妈早上着急赶着去上班,就总是催孩子快一点吃饭。孩子不小心把牛奶给打翻了,妈妈着急地说:"你怎么这么不小心,把牛奶都弄翻了?真是不让人省心。"结果孩子说:"妈妈,我只想分一点我的牛奶给你喝,我觉得新买的牛奶很好喝。"孩子做事比较慢,自己穿衣服、穿鞋子可能需要很长时间,大人等不及,就会埋怨孩子。其实,孩子年龄小,他做事的速度不可能和大人一样快。如果父母着急出门,可以预先多留一些时间给孩子,而不是只想着自己的事情更加要紧,然后用成人的标准去要求孩子完成在他这个年龄段无法完成的事情。

理解是相互的,父母理解孩子,孩子同样也会理解父母。在和孩子交流沟通时,我们不必掩饰自己的真实情感,真实地表达自己,反而能让我们更加容易获得孩子的理解。在这个双向的互动中,孩子也会变得更加善解人意。

我的工作非常忙碌,但是,每天晚上回家给儿子讲故事、谈心,是我从未间断过的。宇宇4岁那年,有一天,我下班回家特别累,几乎累到无法动弹,直接倒在床上睡着了。儿子跑过来,拿出一本书,把我叫醒,一定要我给他讲故事。于是,我很诚实地告诉儿子:"妈妈今天太累了,要睡觉了,明天再讲故事。"我拒绝时的态度是平静的,并没有大声训斥他。儿子虽然有点不高兴,但是,他听懂了我不讲故事的原因,很体谅地拍拍我,给我盖上被子。那一刻,我真的有点感动。

在和孩子的互动中,不必装,我们需要很真实地去表达我们的需求,让孩子习惯接受我们的真实情绪,这一点非常重要。即使只是一个孩子,他们也要了解其他人的需求,才能够在尊重对方需求的基础上做出正确的应对。对于孩子,我们可以尝试先听听他的需求,就算是因为种种原因而拒绝他们,也要耐心地解释原因,和他们商量好替换的解决方案。对于孩子而言,这是一个学习表达自己需求的过程,也是一个认识真实父母的过程。哪怕我们是父母,我们也是一个正常的人,也会疲惫,也会累,也不完美。

让孩子理解父母不是万能的,也需要得到孩子的关爱,平静地说出自己的需求,而不是在照顾孩子疲累后情绪失控,这样你会发现你的孩子比你想象中的更爱你。

不论孩子说了什么,不要着急先否定他的想法。听听孩子真实的看法,站在孩子的角度,试着去理解他。人在内心深处,都有渴望获得别人尊重的愿望,孩子也是如此。我们只有真正走到孩子的内心,孩子才会更愿意对我们讲出自己的心里话。如果孩子表达了自己的真实想法,反而受到了批评和训斥,慢慢地,他就会对我们关上自己的心门。

宇宇曾经对我说,在他上小学之前,他是最爱我的。后来长大了,他生命中最爱的人变成了他的爸爸。他说:"妈妈,你要思考一下为什么上小学之前我最爱你,而现在我更爱爸爸。"

接着,他告诉我有两个原因,第一个原因是我有的时候实在是对他太凶了,脾气一上来,我说话就特别大声,这会影响我们之间的感情。

第二个原因,是因为我是一个女生,我喜欢购物、烘焙、穿搭,而这些都不是宇宇喜欢的。读书和音乐是我们的共同爱好,但我们喜欢读的书不一样,爱听的音乐也不一样。他跟爸爸更有共同语言和共同爱好,他们一起运动、一起吃零食、一起看新闻。

宇宇说,如果我想跟他关系更好,就必须去学更多的东西,我们俩才能够有更多的共同语言，我才有可能跟他爸爸站在一个起跑线上竞争。

听罢孩子的一番话，我觉得他真的说得挺好。于是，他喜欢的东西，我会尽量去了解，经常跟他一起阅读历史方面的书籍，这样我们就会有更多的共同语言。在陪他练琴的过程中，我也开始慢慢能够听懂一些古典音乐。宇宇上小学以后，我开始和他一起背唐诗、宋词。一方面和他一起学习，另一方面重新建立自己的古文学习体系。

在和宇宇建立亲密关系的过程中，我们一起学习，一起阅读，共同进步，共同成长，我们一起成为更好的自己。

"非暴力沟通"是现在国际上很流行的理论，其中最重要的一点就是关切地倾听，提醒我们专注于彼此的观察、感受、需要和请求，培育尊重与爱，使人与人情意相通，乐于互助。为了理解，我们需要先放下已有的想法和判断，全神贯注地体会对方，真正达到心与心的共情。

所有的事情都始于理解，当然，君子和而不同，尊重只是沟通的起点。我们帮助孩子理解他人，同时也要鼓励他们坚持自己的观点。

家长要放下执念

犹太人有一种伙伴式的学习方式,就是组织学生在一起学习,在学习的过程中,倡导学生多质疑、多辩论。孩子们成年之后,也经常会为了某个问题而争论得面红耳赤。

美国社会学学者曾对美国的精英和蓝领进行调查研究发现:以父母与孩子对话的往返次数为指标,精英与蓝领相差悬殊。每一次父母与孩子的对话,精英的往返次数是5—6次,而蓝领仅为1—2次。种种资料显示,蓝领希望孩子接受自己给出的现成答案,希望孩子更听话,而精英更鼓励孩子进行提问、质疑和反思。

精英阶层之所以都非常重视培养孩子的质疑精神,是因为他们坚信质疑精神不仅是人类思维的精髓,更是推动社会前进的动力。我国传统教育注重记忆和知识积累,但现今在培养质疑精神和创造性思维方面也越来越重视。

孩子在成长的过程中会遇到不少令他们感到困惑的事情，他们心中也会产生很多疑问。正是这些怀疑和探索，才让孩子渐渐成熟起来。当孩子不断提出问题时，父母不但不能不耐烦，还要支持孩子独立思考，分析问题，并做出自己的判断。

每个人都有自己的想法，孩子也不例外；每个人都希望和别人交流，孩子亦是如此。过去，很多父母在日常教育中更注重孩子的学习，没有给孩子留下表达个人意见的空间，这样培养出来的孩子大多不善言辞，对事物缺乏自己独到的见解。即使他们有自己的想法，也不敢勇敢说出来。有些人既不敢轻易发表自己的意见，也不敢轻易拒绝他人。面对他人，要么唯唯诺诺，要么表面接受，内心实则感觉委屈。鼓励孩子说出内心的想法，能够让孩子更加自信，更加敢于活出真实的自我，也是帮助他们走向良好沟通的第一步。

父母要为孩子创造机会，让孩子将自己心中的想法表达出来，这样才能培养孩子独立自主的意识，让他们可以勇敢大胆地发出自己的声音。

在孩子还小的时候，别抱着"父母权威"舍不得放，像朋友一样和孩子相处，这样既能增强亲子感情，还有利于孩子的性格培养，让孩子在父母面前敢于说出自己的心声。

孩子在学校不小心弄脏了自己的衣服，回到家里，还没等孩子说清楚是怎么回事，有的妈妈就开始大吼："这样不小心，你知道我每天洗衣服多么辛苦吗……"也许情绪是发泄了，但是，时间长了我们会发现，一次次大吼之后，孩子再也不愿意主动对我们讲他遇到了什么事情，无论是好的还是坏的。因为孩子知道，只要自己说出来，就一定会受到妈妈的批评。看起来孩子好像是很听话，但是，他们内心的不安和不满，只是没被我们看到而已。

做一个有耐心的父母，允许孩子说出自己的疑惑，能和孩子进行沟通。孩子提出了自己的想法后，即使我们有不同的看法，抑或孩子提出的观点是错误的，也不要急着发表反对意见，试着询问孩子为什么会有这样的观点，换位思考后再下结论。如果这个观点是正确的，我们就大声鼓励孩子；如果孩子的观点的确是错误的，那么，我们就提出自己的观点，让孩子自己去思考。

当孩子表达了自己的观点，我们及时地给予相应的鼓励，孩子的心里就会得到一种满足感。每个人都希望自己能得到他人的肯定，孩子尤其如此，他们特别需要得到父母的肯定，这会让他拥有足够的安全感。孩子慢慢会知道，有观点就要表达，无论对与错，起码那是自己最真实的想法！

第十一章
Chapter 11

必修的功课

让孩子学会谦卑,对规则有敬畏心,培养孩子的责任感和同理心,以及与人合作、交往的能力,是我们作为父母非常重要的工作。这也是教会他们获得幸福的能力。

发自内心的赞赏

美国两位心理学家来到一所小学进行一项实验。他们从一至六年级中分别选了3个班,对这18个班的学生进行了"未来发展趋势测验"。随后,他们用赞赏的口吻将一份"最有发展前途者"的名单交给了学校校长和老师,并嘱咐他们要保密,以免影响实验的正确性。

但其实,他们撒了一个"权威性谎言",名单上的学生是随机选出来的。8个月后,他们对那18个班级的学生进行复试,结果发现凡是上了名单的学生,个个不仅成绩有进步,个人素养方面也有了很大提升。

这就是著名的罗森塔尔效应。你期待孩子成为什么样的人,就不断地鼓励孩子,不吝啬给予孩子赞美,那么,孩子就有可能真的成为那样的人。人性最深切的渴望就是获得他人的赞赏,这是人类有别于其他动物的地方。

散文家林清玄上高中时,老师邀他去家里吃晚餐,吃的是饺子,林清玄很开心。等到饺子端到桌上,他的眼泪都掉下来了。在那个物资匮乏的年代,只有过年的时候才能吃上一盘饺子。老师说的话更让他感动,老师说:"我教书50年,我用我的生命和你保证,你将来一定会成功。"老师的这句话给了林清玄很大的希望,他开始异常努力,坚持不懈一直写作练笔,直至成为著名的作家,出版了多部作品。后来,林清玄才知道,全班每个同学都去过老师家里吃饺子,老师对每个同学都用生命保证过他们未来会很成功。

看到这个故事的时候,我不由地想为这位老师点赞。能遇到这样一位老师,真是人生之大幸。不管孩子本身成绩如何,这位老师都真心地为孩子的未来祝福。每一位得到老师赞赏的孩子,心底都会升起一股莫名的感动和向上的力量。

发现孩子的优点,用智慧的语言去和孩子进行沟通,经常告诉他们的优点所在。这样,孩子心里便会有个声音告诉自己"我是最棒的",在强大的积极心理暗示下,孩子也会变得越来越自信。

有些父母总是习惯于揪住孩子的缺点并放大,看到孩子不好的地方,就老是说孩子这方面不行,那方面不行,不断强化孩子的弱点。在职场中,我有时候也会发现非常优秀,但是内心比较不自信的小伙伴。这大概就是源于小时候得到的肯定不够所致。

Sam是业内小有名气的国际教育专家,也是我特别好的朋友。他在台上总能侃侃而谈,每次和他一起与学生聊天,他总是不断地鼓

励学生,因此,他特别受学生欢迎。后来,他告诉了我他小时候的几段经历:

他小学时,几何不好,妈妈就说他图像观念很差。他小时候个子高,长得又瘦,在幼儿园里曾经被选中参加舞蹈队,不知是因为紧张还是别的,他走路顺拐了。结果,妈妈因为这个事情,至少笑话了他三五年之久。当然,妈妈在笑话他的时候,并不是出于恶意,只是觉得好笑。但母亲这个无意的行为,却给了他一种感觉:我这个不能做,那个也不能做……所以从小到大,他都没有自信心,只要周围的人谈到他不能做什么,尤其是他喜欢的人、崇拜的人,他就觉得这事更难做了。

还有一件让他特别受挫的事情,小时候家里没有对他进行英语、体育、美术方面的特长培养,从小好像唯一能够说得出口的事情,就是在胡同里面下象棋。有一阵他象棋下得特别好,整条胡同里,没有人能赢得了他,然后爸爸就把他送到了一个下棋很厉害的高手那里学习。象棋高手对他说:"你先跟我徒弟下三盘。"结果,连下三盘,他一盘没赢。于是,象棋高手告诉他爸爸:"你这儿子天分不够,我没法教他。"爸爸觉得孩子没有象棋天分就算了,但他自己感觉受到了巨大的打击:"我从小到大就这么一个特长和爱好,结果我连输三盘,我觉得原来我其实挺笨的。"他长大以后念了英文系,成了英语教学专家,直到今天他也没有特别的兴趣爱好。所以,他对学生就很鼓励,希望学生不要重蹈他的覆辙。

很多大人特别喜欢挑孩子的毛病,当然,大人的挑毛病是希望孩子能变好,但往往没有想到这无形当中会让孩子对自己没有自信。

自信心是表达欲望的基础，所以，父母要给孩子肯定的赞许，经常带孩子走出去，接触外面的世界，这样他才有更多表达的内容。能表达自己的观点，敢表达自己的观点，这是孩子敢于质疑的起点。但同时，在与外界接触的时候，父母也要注意保护好孩子的自尊心和自信心，随时察觉到孩子的心理变化，以便能够及时和孩子沟通，纠正孩子对于自己不正确的质疑。

　　宇宇在纽村的钢琴老师来自德国，上课时总是循循善诱，每次她弹琴的时候，我感觉她整个人都洋溢着活力，我们能感受到她对音乐的热忱。宇宇弹琴的时候，错音或者节奏不准，她都会指出并纠正，把德国人的严谨表现得淋漓尽致。但是，当宇宇弹得好的时候，她也毫不吝啬地表达出欣赏，每次都饱含深情地说："It's beautiful."（真好听！）我自己还蛮惭愧的，因为我从来没有这样赞叹过儿子的演奏。

　　也许是文化不同，宇宇在北京的钢琴老师是一位大师，桃李满天下，带的学生高手云集，但这位老师几乎很少表扬他。宇宇说他很感激能在两种不同的文化中学习，在国内，高手云集的竞争环境下，儿子遇强则强，进步很快；而在纽村，演奏难度和表演技巧要求不高，宇宇弹了大量的曲目，找到了对音乐的感觉，培养了对音乐的热爱。

　　老师对孩子真心的赞赏不仅能让孩子得到激励，同时，老师也能得到孩子发自内心的爱。宇宇在纽村上二年级时，班上来了一位实习老师。她是丹麦人，在奥克兰大学学教育，在小学实习是她的毕业项目。这位老师金发碧眼，特别漂亮，虽然没有什么教学经验，但她很爱孩子们，用心地跟孩子们交流。实习结束了以后，她就要回丹麦了，班上的同学都依依不舍。老师要回丹麦了，宇宇回家认真地给老师写了一封送别的信，图文并茂，我看了蛮感动的。

Dear Whaea Lizzy,

  Thank you because you help us with our writing and teaching us fitness games. your eyes shine like the sun. I love you because you help me a lot. I missed you a lot, When you come back I wish you can come back to Newton central school. You are so kind, I really enjoy you, I love you forever. I hope you can have a good day in Denmark.

Steven

亲爱的 Whaea Lizzy,

  非常感谢你教我们写作和玩游戏。你的眼睛非常闪亮，像太阳一样。我很喜欢你，因为你给了我很多帮助，我也很想念你。如果你回到新西兰，我希望你能回到牛顿中心小学。因为你特别好，我一辈子都喜欢你，我祝你在丹麦天天开心。

  赞赏能让孩子明白自己的行为正确性，让他们的内心得到满足，从而变得乐于接受生活，勇于挑战生活。我们也能经常听到有些父母这样赞美孩子："你真棒！""你真聪明！""太好了！"这样简单地赞赏孩子，不一定能够获得很好的效果，反而会让大龄的孩子认为父母是在敷衍他。

  孩子的确很期待得到你的认同。但是，他期待的是你内心真正的认同，而不是一句简单的敷衍。"你写得真好，真是不错。"得到这样的回应，孩子可能会在心里想："爸妈真是这样认为的吗?"而这样的赞美,"你看你写的这一句——小鸡的爪子抓了我一下——写得很生动,动词也选得很准确。"孩子就能知道自己真正做得很棒的地方,他会从内心感受到快乐。把孩子值得赞赏的行为说出来,这种描述性的赞赏使得孩子对自己的行为和能力有了深入了解,在受到正面肯定、激励后,他们才会更加积极地面对这个世界。

说一两句赞美的话很简单,但真正让孩子能获益的赞美,则需要父母用心去感受孩子的变化,欣喜于他们的进步,肯定他们的成长,真正用心陪伴他们过好每一天。

从小学会交朋友

对许多人来说,一生中最温暖、最持久的友谊都是在童年时代建立的。在小的时候教会孩子与人交往,孩子便拥有了获得幸福人生的基础。

之前看到过一则关于日本小学如何教孩子们学会交朋友的故事,感觉颇受启发。

林刚带着 7 岁的儿子去日本工作,很快为儿子找好了学校。来到日本短短 3 个月的时间,儿子很顺利就融入了日本的生活。

有一天,儿子放学回家后表现的很沮丧,在自己的房间里关上门不肯出来。饭桌上,林刚问他:"是不是遇到了什么问题?说出来我们一起解决。"

"我一年级的功课没有及格。"儿子的声音很低沉。林刚感到很震惊,下意识地觉得不可能,因为儿子的功课一直很出色。

林刚联系儿子的班主任大岛老师。大岛老师笑着说:"林先生,林杰没有说错。他的其他功课成绩很好,但一年级学生最重要的一项功课却没有完成。"

原来,日本小学流行一个有趣的规定:一年级孩子转学或者入校的时候,都要学习演唱一首《我要在一年级交50个朋友》的儿歌。这就是日本人所实行的教育,在他们眼中,一年级的孩子必须有这么一门功课——学会交朋友,而且,是最重要的一门功课。

对刚刚踏入小学校门的日本孩子来说,学会交朋友是最重要的功课。这个规定乍看有点死板又好笑,但细细想来,却觉得意味深长。小伙伴能带来其他人不能给予的温暖体验,有几个与自己一起玩耍、共度童年的好朋友,可能是许多人一生中最美好的回忆之一。更何况,自小就有朋友的孩子,一旦习得了交友的能力,朋友自然会越来越多,日后肯定会拥有资源丰富的人脉圈。但是,孩子可能不会自然而然就找到朋友,有时甚至会面临各种各样的困难,这就需要父母去做环境的搭建者和问题的指导者了。

孩子们都渴望能和同龄人一起玩,却苦恼于没有条件,咱们可以为孩子创造条件,譬如鼓励孩子在兴趣班交朋友,约自己的朋友带着家人一起出游,邀请孩子的班级同学来家里聚会,等等,绝不能借口学习重要而不给孩子交友的机会。

如今,大部分孩子的课外时间被安排得满满当当,英语、数学、语文学科内容要补课不说,还有足球、篮球、游泳、编程、机器人等各种特长班,孩子只要一出了学校门,立刻就奔向了培训机构。孩子每天的日程表都排得十分满,哪里还有时间与小伙伴畅快玩耍呢？不知不觉中，很多孩子就失去了提高人际交往能力的机会。

既然我们重视孩子的全面发展，就不要忘了培养孩子的人际交往能力。不管是周末聚会，还是假期旅行，我们都要适当地为孩子创造更多与小朋友交往的机会。多带孩子去见识外面的世界，给他们留下与朋友相处的时间，让他们自由自在地成长。

芬兰人很重视让孩子找到真正志同道合的朋友，非常鼓励让孩子在家庭和学校之外，去建构他们的社交圈子，也让孩子在遇到同龄人时，清楚自己在群体中的定位或职责。

相同的兴趣爱好，是孩子们玩到一起的基础，是否能解决好相处时的问题，则是建立一段长远关系的关键。孩子们在一起相处久了，难免会有输赢、有比较。这时候，父母需要出面引导孩子正确地看待以及与负面情绪和谐相处，帮助孩子更精准地识别情感和表达情感，处理更复杂的问题、场景以及关系，更重要的是，逐步培养孩子的妥协精神，这是与人交往中必不可少的一课。

教育家陈鹤琴说过："初生的小孩子在世界上，他的人生观可以分成两大类，一类是'为我'，一类是'为人'。这两大人生观，决定了小孩子一定的所作所为。'为我'的这些利己的人是向内的，利他的那些'为人'的人是向外的。因为他的利己，所以他的朋友不会多，也因为他利己，所以他不满足，于是悲观；'为人'的人却不然，因为他的为人，所以他为别人所爱，于是，他有许多朋友，更因为他是为人，所以他知足，于是乐观。"

良好的与人交往能力，是孩子应对充满不确定性未来的关键能力之一。身处变革的时代，我们无法设计孩子的人生之路，但是，我们可以培养孩子应对变化的能力,帮助孩子发展更好的自我,让他成为坚定而友善、独立而合群、蓬勃而充实的人,让他有能力体现自己的价值和意义。

耶鲁大学儿童研究中心教授马克·布兰克特说:"想象一下,如果人们从幼儿园就开始接受社交和情绪的学习,那么20年后,这个世界将变成另一番模样。"至少那将会有更多的人,成为真正的自己,更好地度过这一生。

让孩子敬畏规则

儿子 5 岁那一年，参加英国夏校时，他闯过一次祸。那晚凌晨三点，睡梦中的我迷迷糊糊地拿起手机看时间，发现微信上有几条未读的信息："宇宇今天在学校闯祸了，这是学校老师的报告，我们需要开个家庭会议。"

我顿时清醒了，一下子从床上坐起来，开始仔细看这份报告：儿子对着同学大声说话，不和同学分享纸笔，而且和一个同学发生冲突，打起来了。我看英国那边还没有到睡觉时间，赶紧和儿子的爷爷通话。爷爷说，这个事情还挺严重的，惊动了夏校的负责人。

孩子们之间难免会有小小的肢体冲突，但是，很多老师和父母不会如此严肃地对待：不就是孩子们打架了吗？不就是有时候没有守规矩吗？不就是有时候忘了纪律吗？小孩子嘛！

很多学校非常注重孩子行为举止的培养,他们认为举止塑造人品,有礼貌的人才是受欢迎的人。有些人并没有把不分享、不排队、不小声说话、不遵守游戏规则、不懂礼貌这些所谓的小事情当回事,甚至想当然地认为,孩子长大以后就会好的。但是,当我们的孩子长大了,就可能在基本的素养和社会公德方面表现得不那么尽如人意。

我小时候,我的父母也是不能免俗地过分强调学习成绩和知识积累,忽视了关于教养的教育。直到我长大后,才意识到自己挺没礼貌的,有时候也不太文明。有了这个意识后,我时时都在留心自己的行为举止,从进出门有意识地帮人挡门开始,从在地铁上不大声说话开始,从开车学会给行人让路开始,从说"please(请)""sorry(对不起)""thank you(谢谢你)"成为习惯开始,自己为自己补上了教养这一课。

没有规矩不成方圆,所谓高情商,其实就是好教养。连社会公共意识都没有的人,如何成为群体中受欢迎的一员呢?孩子缺乏对规矩的敬畏心,究其根本,是教育观念的问题。

学校闯祸的事件,我们全家人认真地讨论了。爷爷给学校写了一封道歉信,儿子也给与他发生冲突的孩子写了一张便条(note)。第二天,老师和儿子说:"Thank you for your note, the girl read it and cried."(谢谢你的便条,那个女孩看后感动得哭了。)儿子也很诚恳地告诉老师:"I am so sorry for what I did yesterday."(我为我昨天的行为感到抱歉。)老师也请爷爷放心,说儿子表现得不错。

我们专门和儿子聊了这件事,问他为什么冲同学大喊大叫、为什么要去打人。他说当时大家在讨论人有几只脚趾,他说10个,英国孩子硬要说8个，他就着急了，于是对着别人大喊，而且动了手。关于这次小挫折，仅仅5岁多的他其实还不是很理解。

不只是在英国，其实在新西兰的教育体系里，对于孩子的评价标准也是比较多元和复杂的。他们认为一个人的成功至少70%归于情商，仅有30%归于智商，对孩子人际交往、同理心、挫折抵抗、情绪管理、责任心、自律、问题解决、独立性、自信心的培养是很看重的。

让孩子学会谦卑，对规矩有敬畏心，培养孩子的责任感和同理心，以及与人合作、交往的能力，是我们作为父母非常重要的工作。这也是教会他们获得幸福的能力。

我们常说"三岁看大，七岁看老"，这句话其实是有科学道理的。3—5岁是孩子认知形成的关键期，父母作为最初的教育者，在培养孩子与人交往方面具有不可替代的作用。

那么，我们可以做些什么呢？3岁之前，孩子和父母的互动是他们最重要的社交活动，父母既是孩子的第一任老师，也是孩子最初的玩伴，对孩子的影响时间最长，也最深刻。所以营造和谐健康、民主平等的家庭氛围，让孩子在潜移默化中体验和实践初步的互动能力，非常有利于孩子日后与他人建立良好的人际关系。

而3岁之后，和同伴的交往会逐渐成为孩子的主要社交活动，这个时候，咱们要尽可能地学会放手，交给孩子自己去发展友谊，遇到问题尽量让孩子自己去找到解决方法。

孩子的情商高，一定源自父母情绪稳定的陪伴。在孩子成长的过程中，父母自始至终扮演关心而不焦虑、关爱而不越位的合适角色，对培养孩子与人交往的能力是很有帮助的。但是，父母的心无时无刻不系在孩子身上，情绪也会随着孩子的情绪变化而波动。

孩子和小伙伴玩耍时，总会产生小小的冲突，这个时候，有些父母会比孩子更先开始焦虑，甚至会主动出手帮忙解决问题。其实，我们的干涉剥夺了培养孩子情商的最好机会。放手让孩子自己想办法，正是孩子学会理解、妥协和合作的开始；除非是孩子的行为可能会伤害到自己或是他人，父母才需要介入。

如果我们不能控制住自己对孩子的过度关心，或者不能用正确的方式表达关心，孩子很难顺利成长为独立、健康的社会人。每次孩子在与人交往中遇到挫折稍微哭闹一下，父母就出面包办，那么，孩子就没有机会理性、冷静地去思考解决之道，久而久之，面对人际问题时，他们难免情绪化。

下次，当我们又忍不住想出手帮忙的时候，最好问问自己："作为父母，真正需要给孩子的是什么？是未来的人生还是一时的安排？"

最近读到一句话特别喜欢，也送给大家："如果你爱他，那么担心就是最差的礼物，不如给他祝福吧。"我们要学着放下焦虑、接纳一切，耐心地陪伴孩子去理解世界的规则，理解别人和自己，用不同的角度看待问题，用折中之道解决问题，这是我们的孩子甚至是我们自己需要一辈子学习和历练的功课。

第十二章
Chapter 12

给孩子未来可持续的能量

我们生活在现实社会中,不可能靠单打独斗生存下去,更不可能凭个人英雄主义取得成功。能够与人有艺术地沟通、协作,能够快速适应不同的文化、不同背景的环境,已经成为一个人很重要的软实力。

有边界，会分享

在传统的中国文化环境下，许多家庭成员之间的"边界"，和彼此之间的独立性，会被有意无意地剥夺。"我这么爱你，我为你付出了这么多，你还不听我的话……"这句话让很多亲子关系背上了沉重的负担。

有的父母甚至在家庭里就是一个"独裁者"，唯我独尊，不允许孩子有自己的想法，一旦发现孩子有自己的想法，就立刻要扼杀这些苗头。这样的亲子关系，会让孩子缺乏独立性，孩子也无法真正学会与别人合作。

家里来了小客人，一眼看中孩子最心爱的玩具，孩子却护着玩具不给玩，这样两难的境况，相信有孩子的家庭基本上都会遇到。有的父母会想办法引导孩子将玩具分享给小客人一起玩，这种分享似乎是理所应当的：他比你小，你要让着他；他是客人，你要让着他；她是女孩子，你要让着她……因为父母要求孩子"大方""懂事"，很多孩子被迫失去心爱的玩具，哇哇大哭。

但是，慷慨地分享自己喜欢的东西是必须的吗？让孩子和大家一起玩心爱的玩具真的是在教育他们懂得合作吗？

西方人常说，孩子是上帝借给我们18年的礼物，父母是父母，孩子是孩子。但在咱们中国的传统文化中，谈个人空间似乎有点难。在很多人的观念里，孩子似乎是父母的"私人物品""我是你妈，看看你的日记怎么了？""你是我的孩子，有什么不能告诉我的？""我是你妈，还需要敲门吗？"这样的对话经常在父母与孩子间出现。

我们和孩子相亲相爱，但是也要让孩子从小就意识到——你是独立的个体，和父母之间虽然亲密，但也是有界限的。当孩子逐渐明白即使和父母之间也要有必要的边界之后，他就会自然而然地把这种认知推延到朋友、同学、老师、长辈和陌生人身上。

父母和孩子之间的"边界"，主要是物质和生理上的界限。明确生理上的界限，是为了建立隐私观念。未经宇宇的允许，我不会随便进入他的房间，他进我的房间也要先敲门。洗澡、上厕所、换衣服等私密行为，从他有自理能力开始，我就告诉他要回避大人进行。我尊重他的隐私、他的秘密，同时也要求他尊重我的空间。日久天长，孩子就会明白你是你、我是我，我们是亲近而不同的个体，我们的关系亲密又独立。

有界限感的孩子，才可以与人好好合作。因为他们懂得尊重，不会随意侵犯他人的隐私，践踏他人的领地，更能顾及他人的感受。而帮助孩子建立明晰的个人边界,就在于原生家庭成员之间关于边界的划定。

正因为有界限感,孩子的私有物品我们不会去帮他决定要不要分享,而是让他自己决定。其次,分享绝不是狭隘地把我的东西给你,而是在共有环境里如何轮流享用和支配。

比如说,中国人喜欢把好吃的都留给孩子,我们家也不例外。但我更赞同好东西大家一起享用,而不是一个人独占。宇宇刚开始也习惯了好东西要自己独占,但是,在家人的共同努力下,宇宇后来也认识到了分享的重要性。家庭氛围对孩子的熏陶作用非常强大,所以,现在宇宇吃到好吃的东西时,他一定会想到和家人、朋友一同分享,而不是独自享用。一个平等相待、互相关爱的家庭氛围,可以让孩子懂得理解别人的感受,能够在公共环境中明确自己的角色,逐渐养成分享的意识和习惯。

幼儿从天性上来说是自私的。行为学研究告诉我们,慷慨的行为会随年龄的增长而形成。孩子首先发展的是"隶属"概念,然后在成长中通过观察、反思和评价,才会逐渐学会分享。孩子首先要有物权的概念,他要知道什么东西是他的,什么东西不是他的。在还没建立起物权的概念之前,想让孩子去分享,其实是不太现实的。

从另一个角度讲,让孩子分享,其实有一点站着说话不腰疼的意思。很简单的道理,如果有人要求我们把自己的房子无偿分享给别人,恐怕谁也不太乐意。对我们来说,我们不愿意将房子分享给别人,因为我们觉得房子是我们很重要的东西;对孩子来说,他的饼干就是他的全部,他不愿意和别人分享也很正常。

所以，不要急着强迫孩子让出自己心爱的玩具，真正的分享应该建立在自我拥有这一基础上。绝不能让孩子觉得分享就是放弃，这不是一个让孩子失去的行为，而应当是让他感觉更充实、更富足，和小伙伴在分享中获得共赢。

善合作，更快乐

现在的世界越来越小，无论是一个科研成果，还是创新发明，基本上都是团队合作的成果，而且还有很多需要跨学科合作。所以，现在的时代不是单打独斗的时代，将来的社会更是一个合作共荣的世界。只有懂得合作，我们才能与别人一起奋斗，才能实现自己的价值。

卡耐基曾说："一个人的成功，15%靠专业知识，85%靠人际关系与处事能力。"对于学龄儿童来说，大多数父母都更重视孩子的成就，关心孩子上的是不是名校、考试得了多少分，很少有父母会意识到孩子人际交往能力的重要性。

实际上，这代人要生存和发展的未来，世界会越来越平，地球村会越来越小，术业有专攻，各人有所长，唯有学会和形形色色的人打交道，我们才能走到哪里都有携手前行的伙伴。

懂得合作的孩子更有未来。成为一个受欢迎的小孩，不能仅仅靠孩子的努力。父母作为孩子生命之初的好朋友，让孩子在爱、自由和规则中成长，帮助他们发现问题、思考问题，给予他们解决问题的空间，提升和进化他们作为社会人的意识和素质，培养他们人际交往的能力和分寸，陪伴他们在层层递进、厚积薄发中提高沟通和合作能力。这些静待花开的举动，恰恰是孩子未来能够顺利进入社会的坚固基石。

进入学校后，我们要刻意地鼓励孩子多参加集体项目。在一个集体中，每个人都有自己的分工，还有指导老师，大家在一起共同完成一个任务，在这个过程中，孩子能够学会怎样与人合作。也许参加这些活动会耽误孩子的一些学习时间，但是，在这个过程中学会的人际交往能力和团队合作能力，是孩子在其他任何课本学习中学不到的，也是孩子一生的财富。

人是社会的动物，我们要想在这个社会里愉快地生活，跟周边的人关系一定要协调。孩子也是如此。孩子在集体里生活，他要想每天过得轻松愉快，就必须和身边的同学、朋友保持良好的关系。

我们这一代的独生子女，父母给予了过度的呵护与溺爱，再加上，还有不少父母害怕孩子在学校里吃亏，总是向孩子灌输要得第一，要在团队中一枝独秀的思想，却忘了告诉孩子，学会与他人协作也是极为重要的社会生存法则之一。我认识不少很有才华的同龄人，却由于养成了唯我独尊的习惯，做事总是以自我为中心，缺乏团队协作精神，人生之路并不顺利。我也时时刻刻提醒自己，不能把儿子培养成这样。

家里只有一个宝贝，爷爷奶奶、爸爸妈妈自然是把孩子捧在手心，孩子习惯了"饭来张口、衣来伸手"，习惯了事事都要以他为先。于是，孩子明明有一双手，却觉得父母给他包办一切都是理所当然。孩子在家可以享受特殊待遇，但是，当他独自一人在外时，他自然享受不到特殊待遇，轻则与人发生矛盾，重则可能造成无法挽回的错误。

我们都希望孩子学会为自己负责，但是，我们总是不知不觉间替孩子做得多了点。我和先生因为工作忙，生活中少不了家里老人来轮流帮忙。渐渐，家里就有了好的东西都给宇宇留着的习惯。有一年秋天，家里吃大闸蟹，只剩最后一只母螃蟹，我刚夹起来准备吃，宇宇生气地说："你怎么能吃呢？这是我的。你不准吃，给我留着。"孩子觉得理所当然，我挺纳闷，数着螃蟹说："一人一只公蟹，一只母蟹，妈妈没有多拿呀。"儿子理直气壮地说："这只是母的，我要吃蟹黄，你得留给我吃。你不许吃了。"这时候，我的父母开始埋怨我和孩子计较。宇宇爸爸说："如果外公外婆平时都让给你，你要感恩。但爸爸妈妈有时候忘了留给你，也没错，因为这个世界本来就不是只围着你转的。"这段话在家里引起了不小的波澜，我的父母觉得我这个妈妈太任性，居然和孩子争东西吃。其实恰恰不是，我只是想让他明白，这就是常态，这就是生活本来的样子。父母可以委屈自己、成全孩子，但是，不懂得为他人着想的孩子在外只会失去朋友和友谊，那时，父母是无能为力的。

每个人都是生活在集体中，学会怎样与人相处是每个人一辈子必修的功课。在家庭这个集体里，孩子的成长不能缺少父母的引导；在班级这个团队里，孩子的欢乐不能缺少同学的陪伴。俗话说：一根筷子容易折，十根筷子难折断。一个人的力量是渺小的，集体的力量却很大。懂得合作的孩子在集体里才能收获愉悦，同时也会给别人带来快乐。

团队精神，小处着手并不难

社会竞争日益激烈，大家的紧迫感也与日俱增，父母们为了让孩子将来能在竞争中取胜，都在千方百计地培养孩子各方面的能力。在这样的环境下，不得不说，现在的孩子素质越来越高、独立性越来越强。但与此同时，我们也要看到，孩子在提高自己个人能力的同时，也滋生了"个人英雄主义"思想，很多孩子越来越不擅长跟别人合作，有些孩子甚至不知道应该怎样与他人合作。

而实际上，当今社会不仅是一个竞争的社会，更是一个合作共赢的社会。大多数工作必须靠团队的力量才能完成，强调团结协作是21世纪对每一个人的要求。一个人要想在工作中取得成绩，就必须学会与别人合作。

我们可以从孩子身边熟悉的生活小事来培养孩子的团结协作

精神。我们家特别喜欢旅行，我和先生也老是出差，所以，收拾行李，进行行程安排是家里必不可少的。从宇宇3岁开始，我们就和他一起制订旅行计划、一起准备旅游用品，让他清楚自己的职责，从小就有参与感。他上幼儿园时，我们总是帮着他收拾，但我们也强调，等他大一点，就需要自己收拾行李。上小学以后，他每年都要去纽村两个学期，带哪些衣服、哪些学习用品，从纽村回国要带回来什么，给两边的同学是不是要带点小礼物，这些他就开始自己安排、自己办了。

宇宇上学以后，我们也开始慢慢培养他的团队合作意识。他主要的运动是打乒乓球和游泳，但这些都不算集体运动。上小学后，由于他酷爱足球，开始参加足球训练，学校有冰球队，他也开始学习冰球。虽然他技术不算精湛，但通过每次训练及其潜移默化的影响，球场上和每一位小伙伴的相互配合，每一次打比赛集体荣誉感的搭建，他的团队意识在逐渐形成。不论是在足球队还是冰球队，儿子都是候补队员，但是，我们还是鼓励他多多参与，表扬他的每一次进步，关心他每场比赛的成绩，宇宇的责任感也慢慢培养起来了。

全家人一起外出郊游时，可以和孩子一起制订活动计划、一起准备旅游用品，让孩子清楚自己的职责，让孩子感知自己是家庭这个团队里的一员。由于年龄小，父母可以给孩子提供帮助，但是要告诉孩子，这是爸爸妈妈帮他做的，让他有感恩的意识。这样的教育比任何语言都有效，孩子在这个过程中，懂得了自己是家庭这个团队里的一员，也知道应该要担当好自己的职责，做好自己分内的事情，活动才能圆满成功。

在和稍微大一点的孩子一起看书或看电视时，可以给他们找一些讲团队合作的案例，陪孩子一起分析团队成功的原因，并让孩子设想自己是其中的一员，应该如何去做才有利于团队合作成功。通过生活中这些小事的潜移默化的影响，团队意识就会在孩子的脑海中慢慢形成。

还有很多游戏也可以培养孩子的协作能力，比如搭积木游戏、踢足球游戏、打篮球等。这些集体活动都是需要团队一起完成的，在游戏过程中，孩子需要和集体中的每一个人互相配合，才能真正地体会到游戏的快乐。在这些身临其境的游戏中，孩子慢慢就会体验到什么是团队意识、什么是合作精神。

父母还要支持孩子积极参加学校组织的各种社会实践活动和研究性活动，多关心、鼓励、表扬孩子，让孩子感受到自身的价值，从而增强孩子的责任感和团队意识。孩子在各种各样的团队活动中逐步得到了锻炼，团队意识也会慢慢培养起来。

当然，孩子在融入集体的过程中不会永远一帆风顺，在遇到问题的时候，我们可以给予他们适当的帮助。

宇宇的堂哥 Lucas 在橄榄球比赛和足球场上是一名小小健将。Lucas 从小在英国长大，一直生活在伦敦。爷爷经常说，宇宇和 Lucas 一文一武。两个孩子轮流在中国、英国生活和体验。小时候宇宇去伦敦小住，上夏校。Lucas 也经常来北京小住，感受中国文化。

Lucas 5 岁那年来北京上幼儿园，可能因为他长着一副华人面孔，中文却不好，所以很多同学都不理他。感觉在幼儿园受了欺负，他就回来向我们倾诉。

我问他："你今天帮老师和同学做什么事情了吗？"

他摇头。我告诉他:"你从今天开始,每天帮老师和同学做些事,回来以后告诉我。"他同意了。

半个月后,我再也没听到 Lucas 回来诉苦。

孩子是否能融入一个团队,是否能得到团队其他成员的认可,很大程度上在于他是否为这个团队奉献了自己的力量。所以,孩子在参加活动时,我们可以引导孩子想想自己能在活动中为大家做些什么。活动结束后,要肯定孩子为团队做出的贡献,让孩子得到心理上的满足。慢慢地,孩子就会在团队中找到自己的位置,明白做好自己分内事情的重要性,懂得只有通过大家的共同努力,才能取得成功。

我们生活在现实社会中,不可能靠单打独斗生存下去,更不可能凭个人英雄主义取得成功。能够与人有艺术地沟通、协作,能够快速适应不同的文化、不同背景的环境,已经成为一个人很重要的软实力。

第十三章
Chapter 13

小大人的领导力

领导力不是一种权力，而是让自己和世界变得更好的影响力。对孩子来说，领导力最重要的意义是首先形成内在的领导意识，只有当孩子对自己的能力有信心，并且能够对自己的行为负责时，他才有可能成为受人喜欢、有影响力的人。

受欢迎的秘密

在我看来,"领导力"主要是"影响他人"和"管理自己"这两方面的能力。

先来说说"影响他人"。非洲有一句谚语:"If you want to go fast, go alone. If you want to go far, go together."意思是:"如果你希望走得快,那就独行;如果你想走得远,请找到你的团队。"

领导力不是一种权力,而是让自己和世界变得更好的影响力。对于孩子来说,领导力最重要的意义是首先形成内在的领导意识,只有当孩子对自己的能力有信心,并且能够对自己的行为负责时,他才有可能成为受人喜欢、有影响力的人。

儿子到纽村上小学时,我对他提出的唯一要求就是成为学校里受欢迎的小孩。只有当大家都喜欢你的时候,你才能去施展自己的影响力，然后才是领导力，这个是有梯度，一步步来的。

刚到纽村的时候，由于语言不通、成长背景不同，儿子很难和班里的孩子打成一片。我会引导他去正视这个问题，怎样才能让小朋友们和你亲近呢？他自己观察、思考了一段时间之后，得到的答案是第一要多沟通，第二要多帮助别人。

于是，他会主动帮助老师擦桌子，主动帮小朋友们讲解数学题目，主动和大家分享中国文化，等等。时间久了，老师觉得他既聪明又勤奋，小朋友们认为他懂得很多，还特别友善，大家都很喜欢他。宇宇也慢慢从模糊的感觉到形成清晰的意识——愿意为大家服务和奉献，为大家带来正面影响力，才有可能受到欢迎。

有一次，他在学校参加竞选。在准备的竞选宣言里，他特别提到了自己为老师、同学提供的帮助，以此来进行拉票。

看完他的竞选宣言，我问他："你帮助别人的时候是想帮助他，还是想帮助了他会有回报呢？"

宇宇想了想，说："我就是想帮助他们，当时没想太多。"

"永远记住你给予他们的帮助和支持，给了就给了，不要期待回报，没有回报是正常的；如果有回报，就当是个惊喜。但是，如果你把这些事情写到竞选宣言里，就说明你在帮助他人时，动机不纯，有功利心。竞选宣言你可以多写写以后你能为大家做什么，而不是以前曾经做过什么。"我说。

宇宇似乎很认同，他说："对啊，那我能为大家做的太多了，我知道怎么写了。"如此一来，他慢慢养成了为他人着想、换位思考的习惯，距离帮助别人是为了交换喜爱的认知又升华了一大步。

受欢迎看似简单，背后的学问其实很大，比如觉察力和合作精神就尤为重要。

"他是一个黑人小孩,他和我皮肤颜色不一样。"——觉察自己和他人的不同。

"班级里的小朋友都喜欢和××一起玩,为什么啊?"——觉察他人和他人的关系。

"老师这次分配任务的时候,选他做了主持人。他会的我都会,为什么不选我呢?"——觉察自己所处的环境。

不要认为觉察很简单,孩子在生命之初那几年是注意不到他人存在的,他们的眼睛里只有自己,他们对人、对世界的理解都是从自己出发,根本体会不到人的复杂性和多元性。让孩子的关注点从"我"拓展到"我们",从"我"拓展到"事情"之后,他们才能跳出自己的小圈子,真正地去思考自己与他人的关系,慢慢学会适应不同的群体,和大家携手共同完成一个又一个目标,逐步培养起可贵的领导力。

不过,我们既需要帮助孩子觉察到不同人的个性和需求,引导他们成为更受欢迎的人。同时,也要有意识地让孩子觉察到自己不可能得到所有人的喜欢。我们要培养的是可沟通、能合作的孩子,而不是让孩子养成委屈自己,让所有人高兴的讨好型人格。

和所有孩子一样,在国内和国外,宇宇也遇到过不那么喜欢自己的同学和老师。学着了解这个社会是多元的,学着和不同的人打交道,学会面对人生中的小小烦恼,学会和喜欢、不喜欢自己的人相处,这需要他慢慢养成的智慧。

自由是自律的温床

说完"影响他人",再来说说"管理自己"。

亚里士多德曾说,应当有一种教育,既不立足于实用,也不立足于需要,而是为了自由、高尚的情操。领导力教育就在此列,让孩子更好地管理自己,拥有驾驭人生的自由。

要领导好他人,肯定首先得管理好自己。拥有发自内心的激情和热忱,极其严格的自律和内省精神,不断驱动内心力量,成为更好的自己。这样的孩子,怎么可能不会赢得同学和老师的尊重呢?怎么可能不是一个有魅力的人呢?

如何让孩子管理好自己?我认为其一在于自由,其二在于自律。

孩子的天性是无拘无束、天马行空的,可能在成人看来,是比较淘气、比较闹腾的。于是,很多父母习惯性地用成人世界的规则去约束孩子、限制孩子,这样长大的孩子行为上看似很乖巧,其实他的天性过早地被压抑了。

认识 Lily 十几年了,她一直是我工作中的好伙伴。她是很典型的中国式学霸,初中跳级,高考文科状元,武汉大学保送研究生,雅思 8.5 分。我很好奇,她为啥学习这么好,是智商高还是很刻苦?Lily 告诉我,她出生在很普通的家庭里,父母对于她一直很开通,也非常信任她。在她的记忆中,父母有几件事情让她印象颇为深刻。

Lily 从小成绩就特别好,初中的时候老师建议她跳级学习。没想到跳级之后,她的成绩却落后了。Lily 心里很难过,回到家,本来以为父母会因此而责怪她,没想到父母竟然什么也没有说。

成绩落后,Lily 一时着急,在一次考试中忍不住作弊,还被老师发现了。老师颇为意外,把她爸爸请到了学校。爸爸在老师办公室和老师聊了半天,Lily 一个人在外面忐忑不安。没想到爸爸出来后就对她说了一句话:"老师找我谈过了,你以后可不能再这样了啊。"便带着她回家了。

过了一段时间,有人告诉老师 Lily 抄同学作业,Lily 因此被老师留了下来,她妈妈也被老师请到了学校,并被告知 Lily 抄袭同学的作业。

妈妈问 Lily:"你抄了吗?"

Lily 满腹委屈地回答:"妈妈,我没有抄。"

妈妈当着老师的面对 Lily 说:"我相信你,咱们回家。"

虽然爸爸妈妈从来没有给 Lily 灌输过分数第一的观念,但爸爸妈妈对她的绝对信任,反而让 Lily 慢慢学会了自律,她知道自己要好好学习，逐渐从成绩的低谷中走了出来。

当然，我并不是提倡无论孩子犯了什么错，父母都要选择无条件信任。作弊和抄作业的行为本身是错误的，孩子如果发生了这些行为，父母一定要对孩子说清楚道理，让孩子从根本上意识到这些行为是错误的。选择信任，是因为父母对孩子的爱，这样，才能真正激发孩子的自律，他们才不会采取无所谓的态度，继续错下去。

孩子是不可能一生下来就会自我管理的，需要父母逐步培养，在此过程中，过多地关注，反而会揠苗助长，剥夺了孩子自我觉醒的机会。反倒是在幼儿时期被给予了充分自由的孩子，他们在和成人世界的碰撞中会逐渐领悟到什么是规则，什么是文明，什么是公序良俗，从而会自动、自发地选择模仿和遵守，这种由内心生发的自我管理的强大力量，是外力驱动所不能比的。

对于宇宇的养育，我亦是如此，明确目标，但是不设目的。我希望他成为一个能自我管理的人，至于具体的选择，则由他来做主。

我记得两岁左右的宇宇喜欢小汽车，那时候他的人生理想是成为汽车司机，经常玩开车游戏，给我讲他的司机梦想；后来，他觉得科学很有意思，崇拜爱因斯坦，于是天天琢磨怎样成为科学家；再后来，CEO、政治家等职业都出现在了他的梦想清单里。

对于他这种还未定性的不断改变，我很少发表意见，更不会批评他，而是任由他大胆地想、勇敢地闯。这样的"放"是无原则放养吗？肯定不是的。当孩子为自己设立目标时，他感觉到了自身的力量和价值。同时，唯有为自己想做的事努力时，孩子才愿意在习惯、情绪和认知上逼迫自己成熟，成为更好的自己。

宇宇很小的时候，就算去邻居家借了个小汽车玩，都不敢敲门去还。但是，经过一次一次的锻炼，他就会慢慢一步一步地放开自己。每天进步一点，这一点进步就会给他带来信心。有了自驱力，一切好习惯也就顺其自然培养起来了。

记得 Teddy 也告诉过我，她上初中时学习管理自己的小故事。上小学的时候，由于各种原因转了好几次学，在班上成绩一般，因此，Teddy 初中上了一所重点学校的艺术班。

有一天，英语老师在班里大发雷霆，站在讲台上把大家训了一顿，他说："你们觉得你们长得好看，有一技之长，就可以不学习了？你们全班都考不进重点高中，你们以后一定很难有出息……"

老师气急败坏的话触动了 Teddy。她有些不服气，心想："你说我们不行，我就考给你看。"从此，Teddy 学习非常用功，最后她考上了重点高中。那个时候并没有人逼她学习，她自己努力学习，只是想证明给老师看，慢慢地这种努力也变成了一种习惯。

很多时候，我们越是帮孩子安排好一切，越容易导致孩子缺乏自我驱动力。要想激发孩子的自驱力，试着给孩子更多自由，给孩子自我觉醒的时间和空间。孩子只有拥有自我奋斗的动力，他才会真正为了明天而努力。

自律的培养不在朝夕

尊重孩子,不等于放任自流;给孩子自由,不等于散漫无边。只强调"自"和单纯重视"律"一样,教育的结果都不会太理想。在引导孩子自我规划这件事上,我们要放手,但不能缺位。

现在很多人的理解有偏差,自我感觉很西化,教育方式很民主,认为无所顾忌、行为放肆的孩子就是有朝气、有潜力的。事实上,这完全是一种误读。自律和自由绝对不是一组反义词。康德曾经说过:"所谓自由,不是随心所欲,而是自我主宰。"

自我管理是很抽象的概念,让孩子理解自律的意义就更难了。心理学界普遍认为,一个人在小事上如果有自律力,那么,他在大事上也有同等的自律水平。

心理学家曾经设计让实验对象改变一些不起眼的小习惯,比如要求左撇子使用右手，改变某个口头语等，结果发现这些人在生活中其他方面的自律水平也相应提高了，因为他们负责自律能力的大脑神经得到了锻炼。

所以，我们可以从小事开始训练孩子的自律能力，譬如鼓励孩子每天饭前洗手、自己叠衣服等，帮助孩子培养良好的生活习惯，并且长此以往地坚持，孩子的自律能力就会循序渐进地进步。

蒙特梭利提出："当儿童将注意力集中于他感兴趣的、不仅为他提供有益的练习，而且提供错误的控制的某种物体时，纪律就产生了。"这给我们的启示是，孩子自律能力的培养首先需要兴趣，我们了解孩子需要什么、喜欢什么，然后再去引导。

儿子很小的时候就对音乐有浓厚的兴趣，上幼儿园以后他提出要学钢琴。当时我很支持他的选择，原因有二：第一，是最重要的，这是他的选择，他可以在学习中慢慢体会到什么是对自己的选择负责；第二，我们家没有人擅长音乐，不能在学琴这件事上为他提供太多帮助，真正练习起来是一件有难度的事情，我希望他能在一次次克服困难的过程中明白一个人需要为目标付出汗水和心血。

自律行为的培养绝对不是一朝一夕的事，尤其需要大人每天的坚持，"三天打鱼，两天晒网"培养不出自律的孩子。我经常和孩子说，不要常立志，而要立长志。

从4岁开始，儿子每天练琴一小时，这是雷打不动的。从幼儿园回家，他的第一件事就是坐上琴凳。这么小的孩子，玩心还很重，总会有和我讨价还价的时候："妈妈，今天休息好不好？"我也不说不好，而是告诉他："练琴是你自己的事情，学与不学妈妈都没有意见，你如果周末到老师家没有办法还课，那妈妈也没有办法。"也许是钢琴老师要求严格,抑或是每周学琴时高手林立,儿子每次想想,还是自己跑去练习了。自律教育的理想境界,不是整天吼着、逼着孩子做这做那,而是让孩子看到自律带来的好处。

不少人都听过棉花糖实验,在实验中,小孩子可以选择现在就得到一块棉花糖,或者等待一段时间后得到两块棉花糖。在后来的跟踪研究中发现,能坚持忍耐更长时间,抵御住棉花糖诱惑的小孩通常具有更好的人生表现,如更好的学习成绩、教育成就、身体质量指数,以及情商、应变能力、抗压能力等。

最近又有一项研究表明:自我管理能力比智商更能预测一个青少年的学术表现。智力和自制力都处于平均水平以上的孩子,数学成绩优秀的概率是那些只有高智商孩子的三倍。

中国传统教育非常注重培养克己自律的品质,能够控制好自己的欲望是古代君子的一大特征,西方现代教育细究起来也很重视自制力、自律能力的塑造。在这个信息爆炸,物质极大丰富的时代,到处都充斥着诱惑,爱玩是孩子的天性,但自律可以后天培养,让孩子从小养成自我管理的能力,一定会让他受益终身。

妈妈,更是榜样

好的领导者首先是要为自己负责,学会延迟满足,懂得约束欲望,享受实现目标带来的快乐是自我管理的必备之义。关于这一点,我的诀窍是利用好前面提到的"小打卡"制度。

每周我们都会和儿子一起,对着表格复盘,数一数这周有多少个钩、多少个叉,让他问问自己为什么没有完成,下星期能不能进步一点,做到少两个叉。这种做起来并不费力的事情,时间久了,会帮助孩子确立规则,养成合理安排时间和控制个人欲望的良好习惯。那么,自我管理就是水到渠成的事了。

我一直坚信,一个人首先是好的自己、好的团队成员,然后才会成为好的领导。每个孩子都有成为领导者的潜力,但没有父母今天花费的时间和精力,就不会有孩子明天的领导能力。相信时间的力量，相信坚持的力量，相信孩子的力量。总有一天，我们和孩子会一起收获当初期望的未来。

还记得我前面提过的叶子吧，她在德国生活了近二十年，她的两个孩子都非常自律，这主要源于叶子自己也是一个非常自律的人。

叶子非常守时，基本不迟到，如果确定了一个时间点，她总是会提前到达。叶子觉得，要想让孩子自律，首先父母要做到自律。如果大人的时间管理做得很好，让孩子看到有一个非常好的模板在那里，让他知道做好时间管理给我们带来的益处，他自然而然愿意去变得自律。

叶子经常和孩子出去旅行，旅行之前他们会一起做计划，这个时候就需要考虑周全。比如说计划一天的旅程中可以体验6—8种项目，初看好像很难办到，但如果做好了时间管理，其实是一件轻松并享受的事情。在日常生活中，孩子们也学习做时间表，如果孩子没有执行，叶子就会及时提醒。孩子可能不会每次都能做到，没有做到的时候，父母给他们的提示，也会引起孩子的关注与思索。

疫情期间，孩子在家学习，提前一周，他们会把下一个星期的时间日程表做出来，不一定要具体到每个时间段做什么，但是，每天要做哪些事情，大致安排清楚。按计划实施了一段时间以后，不用大人催促，孩子就能按计划完成自己的任务，这样大人和孩子都会过得愉快轻松。如果发现没有按计划完成，回看一下日程表，思考是否可以有所改善。在这种计划的协助下，孩子增强了自控力，能够自主打理他们的生活和学习，为他们未来更精彩的人生夯实基础。

打卡表是一个让孩子学会自律的手段，但更重要的是，想让孩子自律，首先，我们自己要自律，成为孩子的榜样。

小麦是儿子的好朋友，每次和他妈妈交流的时候，我总是不禁感叹，难怪小麦如此优秀。小麦妈妈也很喜欢做计划和打卡表。孩子小的时候不会列计划，她就会告诉孩子，比如说今天读哪几本书，今天学几首古诗，她都会列一个计划表，然后按照计划表来执行。

等到小麦一年级的时候，基本上就是妈妈列好计划，孩子自己安排时间。比如说放学之后先算一下一共有多少空余时间，这段空余时间具体怎么分配，基本上都是他们共同商量，然后列计划。做计划和打卡表执行一段时间后，现在小麦自己已经会划分时间段了，用20分钟来做第一件事，再用30分钟做第二件事，每做完一件事，妈妈就会给他打一颗星或者两颗星。

我们常说，言传不如身教，榜样的力量是无穷的，妈妈自己坚持的好习惯，让孩子也会在无形中养成好的习惯。但是，我们也要知道，孩子难免会有懈怠的时候，他可能会胆怯，可能会退缩，可能会逃避，只要成长总体上是呈螺旋式上升就可以了。

体育训练中的新西兰中学生,热情投入

面向镜头"Say hi"的新西兰小学生

结语 Epilogue

培养未来的世界公民

（一）

新冠疫情让世界局势骤然变得异常紧张，让整个世界村变得割裂开来。由于缺乏深度的相互了解，一切指责都无法证伪。于是，各种信息纷繁芜杂，让人们眼花缭乱。可是，真实的世界到底是怎样的？作为父母，我们应该如何带领孩子来认识这个世界，怎样去理解这个世界，变得尤其重要。

工作这些年，我教过的学生有十几万，通过做讲座影响到的人就更多了。27岁那年起，我走遍大江南北给大学生和中学生做讲座，每场少则三千人，多则上万人。我一直主讲英语学习及人生规划，以前我是从自己的经历出发，站在老师的角度给出各种建议。

但当我有了孩子以后，以妈妈的身份开始认真思考我的孩子宇宇的教育时；当我结合自己家庭的特点、和孩子一起规划未来时，我对如何培养一名有"中国心"的世界公民有了更深的思考。

我是学英文的，很多时候英文到了一定水平，再想提高，就要看中文的真实功底，中文水平的高低直接影响到我们的英文能达到的高度。当我的英文水平停滞不前时，我才发现原来自己中文底子不够强，回过头我开始恶补中文。现在学校都十分重视大语文学习，宇宇学习钢琴时也会听一些中国古典民乐，搭配上可以吟唱的一些宋词，也算是对传统文化的一种致敬了。正好借此机会，我就和宇宇一起重温经典，大量阅读背诵唐诗宋词。但遥想当年，我上大学时，吃西餐、追美剧、看好莱坞大片、读英文小说，就是我十八九岁的日常，中文经典很少出现在我的案头，我老是觉得自己这么洋派，追求欧美的那些东西才是时尚。

"帆海者不知山，驾陆者不知水。"我去英国读书，才发现自己有着浓浓的爱国情。那时留学生很少下馆子，大家每天都拿冰冷的三明治和巨大的汉堡包果腹，而我总觉得自己没真正吃饱过。有一次，我站在中餐馆门口闻到呛鼻的油烟味儿，内心居然燃起了对中国、对家乡的强烈惦念。那一刻，我非常清晰地确定了一点——我是中国人，我爱我的国。

我的父母都是学英文的。小时候，由于父亲工作的缘故，我到过很多不同的国家，接触了不同的文化。但作为那个年代的知识分子，父亲虽然说一口外语，但他仍然怀揣着一颗地道的中国心。所以，父母在我很小的时候就开始培养我的阅读兴趣，逐步培养我的中文能力。

20岁那年,我到英国留学,第一次走在从学校回家的路上,看到路边不一样的建筑、不一样的风景,甚至路上偶尔走过的行人也是不同的肤色,这些不一样让我真正感觉到自己置身于异国他乡。

毕业以后,我在英国顺利地找到了工作。那时候能留在国外不容易,许多人都很羡慕我。但是,干了一段时间以后,我毅然决然地决定回国教英文。当时,我的内心也有点忐忑,担心自己放弃了宝贵的机会,丢掉了"国际范",根本不确定这是不是正确的选择。幸运的是,今天我能自豪地说:一路走来,这边风景独好。

我想用过来人的身份和大家分享的感悟就是:人生有很多种可能性,实现自我也不止一条路可以走,选择你想要的,成为你想成为的,一定能收获你期待的。英文好的人比比皆是,如何在国际舞台上有自己的一席之地,既不是"海归"的身份可以保证的,也不是"海外"的地标可以决定的。

(二)

我的孩子宇宇在中国和纽村两边上学,也在两种教育体制中感受中西文化的差异。宇宇在北京顶尖的小学读书,这里有顶尖的教育资源。而在纽村,他在一所普通的公立小学就读。

我参加过一次纽村学校的演出,深刻感受到新西兰人对毛利文化的敬畏,对多元文化的尊重,以及对每个孩子平等相待的态度。整场演出都在弘扬新西兰的文化,突出了毛利土著文化的根源,让欧裔、亚裔、非洲裔以及毛利孩子都有同样的表现机会。所有节目都是集体表演,虽然比不上国内精心设计编排的演出那么高端、大气，也没有各种声光电的高科技，但台上台下发自内心的嗨翻天，让孩子们真正体会到了表演的快乐。教书育人的质朴和自然，孩子们的天性释放与老师们的倾情投入，让我很感动。

以前在海外的华人最希望的就是能够融入西方主流社会，不论是通过更加流利的英文还是更加符合西方社会的社交习惯，或是对西方文化更加深入的了解。如今，当我再思考这个问题时，我发现国际化教育的本质不再是融入西方社会，而是融合中西方文化的精华。跨国婚姻里的不少华人妈妈也在让孩子学习我们中国的文化，因为她们清楚地知道，无论身在哪里，都改变不了我们骨子里是个中国人。

我始终认为，中国人要认识自己是谁，清楚自己的根在哪里。在海外环境下，我们更应该在自己的小家庭里尽力营造中国文化氛围，让孩子感受、理解和接纳家族的传统，民族的伦理，文化的美好，始终如一地传递身为中国人的价值理念。首先是民族的，然后才是世界的，我们的孩子可以吃西餐、说英文、过万圣节，在国外游刃有余地生活，但是，他们的精神内核应该是中国的。

不是国外长大的孩子就一定是国际化的孩子，有可能是我们常说的"香蕉人"或者TCK（第三文化的孩子，Third Culture Kids 的简称）。TCK是由美国社会学家鲁斯·希尔·尤西姆提出的，指的是父母原来的文化是第一文化，而孩子在成长的重要阶段身处一种不同的第二文化中，从而融合形成属于自己的第三文化。第三文化的孩子，永远都不会完全属于父母的第一文化，也不会完全属于自己成长的第二文化。

TCK背景教育典型就是美国前总统奥巴马。奥巴马的妈妈是一个美国白人女孩,他的爸爸则来自非洲肯尼亚,奥巴马小时候在印尼待过一段时间。回忆那个时候,奥巴马说:"我童年大部分都在铁匠家里,在锻造炉边度过。当妈妈对铁匠做访谈时,我就在门外找野狗、追小鸡。妈妈会带我看制陶作坊,看纺织工人。"后来,奥巴马回到了美国。正因为受到了不同文化的影响,长大后的奥巴马有自己独特的文化理解。

(三)

海外的中国人现在非常多,我们在世界各地随处可见中国人的面孔。

我有一个朋友原来在国内上学,从北医三院博士后毕业后,到哈佛大学当了研究员。他的孩子在哈佛大学读完书,去了高盛集团工作。孩子在美国待的时间很长,明显受到了西方文化的深刻影响,孩子就觉得,"我是美国人,我也很成功,我也很独立,我的生活我自己负责。"

朋友夫妻两人其实很伤心,觉得奋斗了一辈子,到最后却在异国他乡"失去"了自己的孩子。当然,这种"失去"只是心理意义上的失去,中国人的思维里,孩子和父母之间的关系十分紧密,而在西方人的文化里,父母和子女之间相对独立。

现在,很多人移民前可能在心理上已经有了准备,尤其是那些在孩子还很小的时候就出国的家庭,他们在出国之前就已经想到了他们的孩子将来也会受到更多西方文化的影响,从心理上与父母之间没有那么紧密。

那些在国外的中国父母可能非常希望孩子心里仍然认为自己是一个中国人，但是，长期生活在国外，受到国外文化熏陶的孩子很有可能不认同自己还是个中国人，或者至少他认为自己在文化、成长背景上面，已经是一个彻头彻尾的外国人，这种情况在美国是普遍存在的。让孩子对中国的文化有认知，对自己中国人的身份有认知，需要靠父母去引导，父母要创造条件，让孩子跟中国的联系紧密，要让他热爱和尊重这个国家和这片土地上的人。

更多的父母可能需要站在西方的角度来看待这个问题。在中国看来，国际化可能就是更偏西方；反过来，在西方，国际化可能就是偏中国，这是一个相对的概念。我们都是在中国成长起来的，如果让我们用国际化的态度来去教育或者对待孩子，我们可能就会偏西方一些。

"我是你爹，你得听我的。""我走过的桥比你走过的路都还多。"这是我们从小都听了很多遍的话。孩子希望得到父母的理解，父母同样希望孩子能够理解他们的立场，能够把父母当成长辈来尊重，用更加友好的态度去交流。

有一部电影 *Don't Tell Him*，中文名翻译过来就是《不要告诉她》，这部电影拿到了金球奖的最佳剧情奖和喜剧类的最佳女主角奖项。电影讲的是一个从小在美国长大的华人女孩的故事，这个女孩是二代移民，父母是第一代移民。身在中国的奶奶得了绝症，时日无多，父母回国陪老人度过最后一段时间，没让女孩一起回去，因为怕女孩控制不住自己的情感。当时他们已经决定不告诉奶奶真实的病情。在传统中国人的立场中，大家会觉得这很正常，但是，在美国人看来，她得了病，就应该告诉她真相。父母不让女孩回去，但随后女孩自己偷偷买了票回到了中国。作为一个从小在美国长大的华人，女孩尝试着站在东方人的角度来跟奶奶相处。

这部电影最后一个镜头让人印象很深刻，主人公曾跟奶奶一起在广场上打太极拳，中国人打拳要摆开架式，打的时候还要喊出声。最后，这个女孩在纽约的街头过红绿灯，突然大喊了一声"哈"。在美国人看来，这是很不正常的，别人会觉得这个人脑子有问题，但是，在中国的广场上或者小区里面，就没有人会觉得你很怪异。

这部电影其实探讨的就是在纯西方文化和环境中成长起来的一个东方人，她所面临的文化差异在她内心形成的对抗和冲击。她的内心一定会有很多复杂的冲突，作为父母要能够理解，并且跟她一起去度过这样的适应期。

我们成人从中国到欧美国家去，也会面临这样那样的困境，作为成人，我们能够接受，是因为我们已经提前做足了准备。但是，对于一个孩子来讲，他没有做那么多的准备，突然迎面而来这么多的冲击，孩子内心就会产生冲突。

无论走到世界的哪个角落，我们的黄皮肤、黑头发永远都不会改变，我们永远都是中国人。哪怕我们说一口外语，我们也是炎黄子孙。

（四）

我们曾邀请过曾国俊先生分享他的教育理念，我非常认同他对中国传统文化现代性和未来性的探索，同时也更加坚定地认为对于华人来说,"国际化"的内核即是"根深中华,盛开国际"。

曾国俊先生提到:"做好自己,一定是既是中国人,又是世界人。既是我们的,也是世界的。

"中国文化要有现代性、独特性、未来性,而不是陷入复古、守旧、传统、保守。真正理想的国际教育,既不是不假思索地'全盘西化',也不是只用'民族'二字遮盖不自信和恐惧,而是要找到自己的位置。首先就是重新认识中国的文化,不见得一定要去私塾、书院,但是如果用心去找,一定可以发掘出一些适合我们自己的方式,找到中国人自己的表达。"

每一个人都是独特的,都期待有归属感,我们各自所归属的文化是认同感和安全感的来源,由于维系了文化认同,我们也就保持了自信。我们正处在一个迅速变化的时代,对于中国的文化和传统,我们需要多一点的耐心去理解与实践,并将它们传递给我们的孩子。

西方的确有一些先进的教育理念值得我们借鉴,但我始终认为,亚洲的教育,尤其是中国教育,有着我们老祖宗留下来的独特风格。虽然我们的教育有功利的一面,但也有超越的一面,比如老师把知识点一遍遍教给学生,要求学生不断地复习背诵,使之成为终身不忘的记忆。这种深受孔子"学而时习之"思想影响的教学方式,是卓有成效的,尤其是对于基础教育而言,在全世界范围内都是值得肯定和推广的。

《虎妈战歌》在美国掀起了西方人学习亚洲人育儿的风潮就是一个例子。中国的基础教育非常扎实,注重知识和技能的搭建;西方的教育更注重全人教育,关注到底要培养什么样的孩子。

在不同环境下成长起来的孩子,对于中国文化的理解自然有所不同,但是,这并不影响他们之间顺畅地交流。有一次我和朋友聚会,当场的三个中国孩子有三种成长背景——在北京顶尖小学就读的孩子,在伦敦一流小学求学的孩子,还有在两种文化下切换的宇宇。那时我才惊喜地发现,宇宇和其他两个孩子都能交流得很顺利,成为很好的伙伴。

在北京上学的孩子英文也特别好,假期也经常出国旅行;在伦敦上学的孩子中文也很流利,经常回国"寻根"。但孩子们之间的顺畅交流,仅有流利的语言是不够的,他们玩的东西、关注的东西及思考问题的方式类似的时候,才会特别有共同语言。

那次聚会,宇宇自如地和北京、伦敦两地的小朋友聊起不同的话题,在中英双语间自由切换,这一切对他来说非常自然,毫不吃力。身为父母,我很自豪。身为老师,我想起经常告诉学生的一句话:"不要刻意去学习语言,最好能去体验和感受不同的文化,从而习得的语言才是最自然的。"

宇宇在两种文化里的生活与学习,让他不是以"客人"的角度来观察外面的世界、理解不同的文化,而是必须以"主人"的心态去真正投入,去切身地体验和真诚地感知。在国内,当我们模拟某种文化、某种氛围,孩子能在第一时间感觉到这是在演习,但是当我们真正下定决心,让孩子们有机会浸润在另一种文化中,让他们学会在陌生的文化中生存和融入,对他们才是真的锻炼。

所以,我们决定让宇宇在国内读小学,希望他能成长为可以和世界对话的中国孩子。在国内读小学的意义不仅仅是流利地说中文、写汉字、阅读中文书,更多的是给他一颗"中国心",培养他对中国的情感，对传统文化的共情和对中华价值观念的认同，引导他理解中国人的处世哲学。小学六年足够让他对自己祖国的文化产生敬畏之心，有基本的语文基础，扎下中国根。可能他像我一样，年少时不懂得这其中深意，但是，某一天他会彻底领悟：我是中国人，我的根在中国。

作为父母，我希望融合中西方教育的精髓，中学之前以中国教育为主，打好基础；中学以后，以西方教育为主，培养创新和批评的思维。没有基础，想象和创造根本无从谈起。

我希望儿子未来成长为一名有"中国心"的世界公民，可以自己管理自己的生活，有文化教养，有自由的灵魂，有责任和担当。而培养一名有"中国心"的世界公民，取决于看世界的方式和方法。让我们一起带着开放、包容的心态，和孩子一起勇敢面向未来。

笨拙的教养,坚实的成长

妈妈:

  妈妈,时间过得飞快,转眼我已经四年级,变成一个大孩子了。我们之间已经有太多的回忆,有欢乐时的喜笑颜开,也有冲突时的苦涩。我们一起度过了休闲时光的快乐,也携手闯过了重重难关。不过,虽然我们度过了许多困难,但是,我们中间似乎还是有一些隔阂,那么问题出在哪里了呢?

  在我看来,我的问题更多一些。一是喜欢一心二用,二是办事拖拖拉拉,三是做事不认真,这就是我主要的问题。

  不过俗话说得好,一个巴掌拍不响。我觉得妈妈你也有一点问题,一是有时会吼我,二是有时晚回来,三是一说话就容易不耐烦。我觉得我们的主要问题在于脾气不好,我也有习惯方面的问题;你呢，就是陪我有点少了。我相信我们一定能一起改掉这些毛病。

不过问题再多，隔阂再大，你都是我心中当之无愧的世界第一好妈妈和无话不谈的好朋友！

缺点说完了，我再说一下我想和你们一起做的事情吧。

我其实很希望你们早一点儿回来，哪怕一点点也好，因为我知道你们在公司很累。我很希望你们回来陪陪我，为什么不早一些回来呢？我想和你们聊聊天，散散步，放松一下心情，加深我们的感情，我们每天晚上放松一下，愉悦一下不好吗？

我们还可以出去旅行，去不同的地方，看不同的风景，逛不同的商场，一起游遍名山大川。我想和你们一起探索未知的世界，去森林探险，去网红店打卡，去观看世界奇观。我想说："只要和你们在一起玩，我都喜欢！"

宇宇

亲爱的宇宇：

似乎这是妈妈第一次正式给你写信。还记得你4岁的时候，妈妈到剑桥出差，在康桥旁边录了一段小视频，本想在你5岁的生日派对上送给你。后来，工作一忙，5岁的生日派对也就此搁置了，很遗憾到现在还没有给你办过生日派对，这次咱们一起筹备你的10岁生日派对吧。

转眼你就要10岁了，妈妈真的不敢相信，你居然已经长这么大了。你刚刚出生的时候，妈妈盼着你赶快长大，后来你学会说话、学会走路，慢慢开始和我们交流了，我又突然发现你长得太快了，特别希望你长大的脚步能够放慢下来。

想起你小时候，我每天下班都能陪你疯玩，给你讲故事，我们每天一起听音乐，每个周末到处玩。似乎从你出生到上小学的这段时间里，我每天都能陪你至少一个小时。那时候，我老是骄傲地和朋友分享自己高质量陪伴的经验。从你第一次去英国上小学，离开我们一段时间，到后来上小学，在新西兰和中国两边跑，每年都有4个月不在我身边，这样的陪伴也就被打断了。我经常和你说，妈妈对你的爱是无与伦比的，但想想，我似乎没有做到。现在唯一能坚持的就是每天在你睡觉的时候，妈妈和你谈谈心，一起去书店读读书。你聊到你的同学家里总有一个全职妈妈或爸爸能一直陪伴他们，其实，妈妈爸爸何尝不想和你有这样生活中点点滴滴的相处呢？你第一次说的时候，我就想告诉你，我们拥有的生活，不是从天而降，也非一劳永逸，需要爸爸妈妈努力追求和奋力呵护。所以，爸爸妈妈没有办法全天候陪伴你，但是妈妈尽量给你做榜样，希望这样的力量能影响到你。的确，这几年，爸爸妈妈工作非常忙，我们总是轮流出差，连晚上的谈心很多时候都没办法保证的时候，妈妈真的很愧疚。新的一年里，妈妈也希望能够尽量早回家，尽量做到回家的时候不处理工作，尤其是陪伴你的时候不拿手机。

你5岁的时候，我开始写公众号文章，希望把你从小到大的故事、经历记下来，对于我们，这也算是一种生活的记录。同时，我也可以把育儿的点点滴滴分享给更多的人。记了两年，由于工作的缘故，文章也就此搁笔。3年前，我开始着手写这本书，你快7岁了，变得更有思想了。而我和以前相比，教育的思路也有了不小的变化。记得刚刚写公众号文章时，我觉得自己是资深的教育专家，有无数的心得可以分享给其他妈妈们。但当我开始写这本书的时候，我们开始在新西兰和中国两边生活，两地教育的不同给了我不少启发。我系统地读了不少育儿的书，也和身边许多妈妈有了更加深入的交流。这3年来，你对我说过许多心里话，还告诉我你的许多愿望，我越来越觉得自己算不上是一位称职的妈妈。虽然我有太多纸上谈兵的理论，但落实到实际生活，我发现自己做得并不够好。在你的成长路上，我给你的陪伴是远远不够的。算一算，还有10年，你就要长成大人了。你是男孩子，我内心早已做好了你长大后要远走高飞的准备。未来的日子，妈妈希望和你是好朋友，无话不谈。虽然妈妈做饭没有那么好吃，但是为了你，妈妈愿意顶住所有压力，升起"认真做好饭"的豪情。

你每次去学琴，作为唯一不会翻谱子的妈妈，我几乎没有操过心，全靠你自己，这一点，妈妈的内心还是充满骄傲的。妈妈其实不懂音乐艺术，但我还是很喜欢去听音乐会，去逛博物馆，大多数时候不太看得懂，也不一定听得懂。所以，我希望你能通过系统学习两门乐器，对美好艺术充满向往，拥有体会生活层峦叠嶂的敏感，能够去感受和捕捉到美与不美之间势不两立的差异。

我对你的人生有过千万种设想。我总是去不同的国家出差，走进世界顶级的名校时，萌生了让你将来也能去那里读书的愿望。不知道这是不是你志向高远的源头。后来，我们去新西兰，感受到新西兰人的纯粹和质朴，我又不免自责自己把名校梦想强加给了你。我曾经设想带你走遍世界名校，让你感受卓越的灵魂学习和生活的环境。5岁时，你和爷爷奶奶去过剑桥大学和牛津大学。在新西兰，你去过奥克兰大学和维多利亚大学。在北京，咱们也去过清华大学和北京大学。而这场疫情来了以后，到美国去看看常青藤名校似乎变得遥遥无期，然而，现在我却觉得去名校并不是那么重要了。

疫情期间，我接触了不少乡村教师，看过中国贫困县村小的纪录片，现在，我希望你是一个有同情心的孩子，希望你是一个有责任感的孩子，我反而更想带你去中国的农村支教。妈妈教英文，你可以去感受最接地气的生活，这将会是你一生最有意义的经历。我希望你长成内心阳光自信、善良而有悲悯之心的孩子，即使没有世俗意义上的成功，只要你能独立，能为社会做贡献，我也觉得不错。

你还是花很多时间读书、写字、练琴，似乎无忧无虑玩耍的时间并不多，尤其是在北京，大环境竞争激烈，虽然你似乎也是大家眼中的"牛娃"，但我依然信奉"work hard, play harder."妈妈希望你学习的时候少一点三心二意，专注地做完手上的事情，然后正大光明地玩。就像妈妈无数次地告诉你，妈妈希望你能好好玩，前提是完成约定的任务，而以你的能力，你可以的，你需要的就是更多一点的自制力，控制好自己，养成好的学习习惯，这会让你一生受益。

现在你已经俨然成为一个小伙子了，学业非常优异，不让妈妈操心，我反而更希望你有多一点玩的时间、发呆的时间，让你能慢一点，每一步都走得更坚实一点。

你刚刚出生时，吃奶就比一般小孩慢，后来吃饭也少，长大以后，你吃饭、睡觉、收纳都比同龄的孩子慢半拍。抑或是你在学习上表现出的聪明才智，让我们甘愿帮你代劳多一点。而现在，你已经是一个大孩子了，生活自理能力不足会影响你整体的发展。所以，从这个寒假开始，妈妈和你一起一点点把生活技能提高，就从收拾房间开始。

也许妈妈真的太贪心了，对你有些苛刻的寄望：我希望你是一个有好奇心的孩子，任何时候都保持对大大小小事情的求知欲；我希望你是有责任感的孩子，尤其作为男孩子，更要有担当，做错了事情没关系，勇于承认错误、面对错误，愈挫愈勇；我希望你有勇气，不论在强权、暴力、诱惑、舆论甚至小圈子的温暖面前，都能有自己温和的坚持；我希望你对自己所做的事情充满敬畏和热情。与其说妈妈希望你变成这样的人，不如说妈妈希望和你共勉，一起努力成为这样的人。

妈妈有时候特别着急，结果长大的你就像另一个小小的我。当我和你发脾气时，其实我能感受到你的委屈；当你对我大喊大叫的时候，我心里一样难受。未来的日子，让我们一起改掉坏脾气，成就更好的彼此。

世界上大多数的人并不一定能找到自己人生的方向，甚至没有和自己梦想匹配的能力，妈妈希望你随着一天天地长大，能向着真善美无尽地奔跑，也许这就是生命的绽放，终有一天，你能成就自己的梦想。

最后，妈妈想对你说：谢谢你，来到我的生命中，让我的生命更加完整，让我体会到生命的奇妙和喜悦，让我体验到无与伦比的爱是信马由缰的。谢谢你，给我这样自由爱你的机会。

妈妈
2021 年 2 月于北京海淀寒舍

图书在版编目（CIP）数据

笨拙的教养 / 汪珺著 . ——北京：新星出版社，2021.4
ISBN 978-7-5133-4419-7
Ⅰ . ①笨… Ⅱ . ①汪… Ⅲ . ①家庭教育 Ⅳ . ① G78
中国版本图书馆 CIP 数据核字（2021）第 051230 号

笨拙的教养

汪珺 著

策划编辑：李金学
责任编辑：姜　淮
特约编辑：赵　丹
责任校对：刘　义
责任印制：李珊珊
装帧设计：冷暖儿

出版发行：新星出版社
出 版 人：马汝军
社　　址：北京市西城区车公庄大街丙3号楼　　100044
网　　址：www.newstarpress.com
电　　话：010-88310888
传　　真：010-65270449
法律顾问：北京市岳成律师事务所

读者服务：010-88310811　　service@newstarpress.com
邮购地址：北京市西城区车公庄大街丙 3 号楼　　100044

印　　刷：北京天恒嘉业印刷有限公司
开　　本：880mm×1230mm　　1/32
印　　张：9
字　　数：200千字
版　　次：2021年4月第一版　　2021年4月第一次印刷
书　　号：ISBN 978-7-5133-4419-7
定　　价：58.00元

版权专有，侵权必究；如有质量问题，请与印刷厂联系调换。